CW01665581

Les grands discours de femmes qui ont changé l'Histoire

Cet ouvrage a paru pour la première fois sous le titre
La voix des femmes aux Éditions La Martinière Jeunesse

Mise en pages : Florent Salaün

© Éditions de La Martinière, 2019
Tous droits réservés

Le Code de la propriété intellectuelle interdit les copies ou reproductions destinées à une utilisation collective. Toute représentation ou reproduction intégrale ou partielle faite par quelque procédé que ce soit, sans le consentement de l'auteur ou de ses ayants droit ou ayants cause, est illicite et constitue une contrefaçon sanctionnée par les articles L335-2 et suivants du Code de la propriété intellectuelle.

CÉLINE DELAVAUX

PRÉFACE DE CHRISTIANE TAUBIRA

Les grands discours de femmes qui ont changé l'Histoire

J'AI LU

SOMMAIRE

PRÉFACE

Il existe une planète des femmes. Pas de femmes, qui ne serait peuplée que d'elles, de nous, non, une planète des femmes. Un lieu qui n'a ni contours frontaliers ni frises chronologiques, un lieu qui s'étend partout et de tous temps, oui, dès les premiers temps.

Nous avons toutes fait, à des degrés divers, soit en tant que sujet soit même en tant qu'objet, ou en qualité de témoin, parfois sans en avoir une conscience immédiate, l'expérience des limites de nos possibles. Je me souviens pour ma part, j'avais huit ans, de ce moment où j'ai perçu dans une fulgurance, ma mère se montrant solidaire de ma grand-mère paternelle contre un propos et un méfait de mon père, que la solidarité féminine était une question de survie. Cet incident a jeté une lumière crue sur toutes ces humiliations frappant des petites filles, des jeunes filles, des femmes, ces prescriptions et proscriptions fondées sur notre seule nature de genre, et qui étaient devenues quotidiennement familières. Les personnages féminins, mythiques ou historiques, les excentriques et les rétives ont soudain pris de l'épaisseur, la loi salique est devenue suspecte, les désobéissances voire les exactions de femmes de pouvoir ont révélé d'autres facettes. J'ai vu surgir comme d'un gouffre scintillant, en dansant parce que mon imagination enfantine était volontiers sautillante, ces figures féminines si fortement décriées, si péremptoirement discréditées, si grossièrement rendues répulsives. Par instinct de conservation – qui n'est pas spécifiquement féminin mais propre à tous les êtres exposés ou objectivement visés par des dangers et des menaces –, je compris que je devrais loyauté, non nécessairement à toute femme, mais sans doute à tout ce qui nuirait à une femme, à des femmes, aux femmes, non du fait de ce qu'elles auraient fait mais du fait de ce qu'elles sont. Femmes. Tout cela s'est alors révélé fort intéressant. J'ai cru d'ailleurs à l'époque qu'il existait un souterrain des femmes. Un territoire préservé mais lumineux, lieu où nous faisions comme il nous chantait, comme bon nous semblait, un espace que nous avions nous-mêmes délimité, dont nous nous passions les plans en secret. Je sais, depuis, que nous ne nous contentons pas d'un souterrain et qu'il existe une planète des femmes. Celles qui sont rassemblées dans ce livre, venant de pays différents et ayant vécu et agi à des époques différentes, la font vivre. Certes, il en manque. Des femmes n'ayant pas nécessairement prononcé de discours, qui ont contribué à tracer et percer chemins et fenêtres sur cette planète. Inventant le roman comme Mirasaki Shikibu au tout début de l'ère chrétienne, gouvernant en splendeur et surpassant les pharaons comme Hatchepsut, maîtrisant les mathématiques et la philosophie comme Hypathia, défaisant les armées coloniales comme Njinga, régnant, dirigeant, protégeant les êtres et les arts comme Anacaona, Ranavalona, ou Nehanda esprit du Lion des Shona. Entières, sûres d'elles, toutes usant du verbe comme arme de pouvoir. Et parmi les grandes oratrices, il y aurait place pour d'autres encore. Néanmoins, comme celles qui s'y trouvent sont légitimes ! Elles sont de toutes les époques, ou presque. De tous les continents, ou presque. Leur parole se répand dans ces pages après s'être élevée dans des tribunes, sur des estrades, au milieu de clameurs ou de ferveur. Parole qui résonne sans péremption, éclairée par les éléments de contexte qui permettent de les inscrire dans leurs moments historiques, leurs environnements sociaux, leurs enjeux politiques, de sorte que leur dimension universelle et intemporelle n'en ressort que mieux. Car, enfin, il faut avoir vaincu la tyrannie millénaire exercée sur nos corps, il faut avoir déjoué les ruses de l'oppression camouflée en condescendance, il faut avoir compris que nous n'existons pleinement et utilement qu'en étant. En étant ce que nous sommes. Il existe bien une région réservée aux femmes, celle des interdits, des abus, des humiliations, de la gratitude indue. Nous la récusons. Nous proclamons l'existence d'une planète des femmes. Elle est peuplée de notre espèce humaine, riche de nos singularités, nos diversités et nos disparités, consciente de la violence des expériences de domination, soucieuse d'entretenir autant la mémoire des servitudes, toutes stériles, que celle des résistances fécondes. Une planète irriguée par la volonté de faire prospérer la seule relation qui vaille : celle fondée sur l'égalité.

Christiane TAUBIRA

ÉLISABETH I^RE^ D'ANGLETERRE

– LA GUERRE –

En 1588, Élisabeth Ire d'Angleterre règne depuis près de trois décennies. Protestante, la reine vivait dans la crainte permanente de complots contre sa personne et de croisades catholiques contre son pays. En 1585, tandis que dans les Caraïbes des corsaires anglais – des pirates encouragés par le gouvernement – ne cessaient d'attaquer les navires espagnols qui revenaient de leurs colonies chargés de trésors, Élisabeth Ire défia Philippe II, roi d'une Espagne catholique. Elle envoya son armée soutenir la révolte des Néerlandais protestants luttant pour l'indépendance des Pays-Bas alors espagnols. Et c'est ainsi que la guerre entre l'Angleterre et l'Espagne commença… En 1587, Élisabeth Ire fit exécuter sa cousine, la reine d'Écosse Marie Stuart, catholique alliée des Espagnols, pendant que le célèbre Sir Francis Drake, un aventurier adoubé par la reine, son « chien des mers », attaquait le port de Cadix et incendiait une trentaine de vaisseaux soupçonnés d'être en partance pour envahir l'Angleterre. Quelques mois plus tard, on prévenait les autorités anglaises que leurs soupçons étaient avérés : plus de 130 bateaux et quelque 18 000 soldats faisaient voile vers le nord, constituant

une immense flotte d'invasion surnommée l'Invincible Armada. La bataille éclata au large des côtes françaises en juillet 1588 où les Espagnols attendaient le soutien militaire d'Alexandre Farnèse, le duc de Parme, redoutable chef de guerre et catholique proche de Philippe II. Non loin de Londres, dans le port de Tilbury à l'embouchure de la Tamise, un camp avait été installé à la hâte, prêt à affronter l'ennemi. C'est là que, le 8 août, montée sur un cheval blanc et cuirassée d'argent, la reine apparut dans la bourrasque et prononça un discours devant ses troupes.

En fine oratrice, Élisabeth Ire commence par remercier son peuple de l'amour qu'il lui témoigne. C'est un leitmotiv de ses discours et une excellente stratégie : si ses sujets l'aiment tant, c'est bien la preuve de son bon gouvernement ! Elle peut ensuite, forte de sa légitimité, les exhorter à se battre vaillamment pour leur monarque.

DISCOURS À SES TROUPES À TILBURY **9 AOÛT 1588**

« Mon peuple bien-aimé,

Des personnes soucieuses de notre sécurité ont voulu nous convaincre de prendre garde à l'heure de nous exprimer face aux armées, par crainte de trahison ; mais je vous assure que je ne veux pas vivre en me méfiant de mon peuple fidèle et bien-aimé. Laissons la peur aux tyrans.

Pour ma part, j'ai toujours agi en plaçant sous la main de Dieu ma plus grande force, et ma protection dans les cœurs loyaux et la bienveillance de mes sujets ; et c'est pourquoi je viens ici parmi vous, non pour me distraire et m'amuser, mais bien résolue, alors que la bataille fait rage, à vivre et mourir parmi vous tous ; à coucher mon honneur et mon sang même dans la poussière, au nom de mon Dieu, de mon royaume et de mon peuple.

***Je sais bien que j'ai le corps d'une femme faible et fragile ; mais j'ai le cœur et les tripes d'un roi, et d'un roi d'Angleterre qui plus est**, et j'éprouve le plus total mépris face au duc de Parme, au roi d'Espagne, ou à tout autre prince d'Europe, qui oserait envahir les rives de mon royaume. Plutôt que de souffrir le déshonneur, je prendrai moi-même les armes, je serai votre général, votre juge et je serai celui qui attribuera les récompenses pour les vertus dont vous aurez fait preuve sur le champ de bataille.*

Je sais déjà que votre audace mérite des récompenses et des couronnes, et je vous assure, ma parole de prince vous est donnée, que vous les recevrez. Pour l'heure, mon lieutenant général, le sujet le plus noble et valeureux qu'aucun prince n'ait jamais commandé, restera ici à ma place. Comptant sur votre obéissance à mon général, sur votre bonne entente dans le campement, et sur votre courage sur le champ de bataille, je ne doute un instant que nous ne parvenions sous peu à une victoire glorieuse sur les ennemis de mon Dieu, de mon royaume et de mes sujets. »

UN SUCCÈS DE PROPAGANDE

En 1588, les informations ne circulaient pas à la même vitesse qu'aujourd'hui…

Alors qu'elle se rendait à Tilbury, Élisabeth Ire ignorait que l'Armada avait été défaite quelques jours plus tôt lors de la bataille de Gravelines, au large des côtes françaises. La victoire des Anglais devait d'ailleurs davantage au ciel qu'à leur habilité militaire : la plupart des vaisseaux espagnols avaient sombré dans la Manche à cause des intempéries. Or, si la menace d'invasion n'était pas définitivement écartée, Élisabeth Ire fêta triomphalement sa victoire lors d'une cérémonie à la cathédrale Saint-Paul de Londres qui rivalisa avec le faste de son couronnement. La défaite de l'Invincible Armada fut finalement un succès de propagande pour la reine et l'Angleterre protestante. Cette victoire ne mit cependant pas fin à la guerre qui se déroula souvent à l'avantage de l'Espagne : un traité de paix fut signé en 1604, après dix-neuf années de conflit. À cette occasion, les Anglais renoncèrent à la piraterie !

« THE VIRGIN QUEEN », **LA REINE CULTE !**

Élisabeth Ire accède au trône d'Angleterre en 1558, à l'âge de 25 ans. Le charisme du personnage tient d'abord à son exceptionnelle longévité : la reine meurt en 1603 après quarante-cinq ans de règne. Elle est aussi la première Tudor à reconnaître qu'un monarque gouverne avec l'approbation du peuple et elle travaille toujours de concert avec le Parlement et des conseillers de confiance. Par ailleurs, l'une de ses premières décisions est d'établir l'autorité de l'Église protestante dont elle devient le gouverneur suprême : dans ses discours, elle rappelle toujours qu'elle est au service de Dieu. Son caractère obstiné fait dire au pape Sixte V, chef de l'Église catholique qui l'a excommuniée : « *Elle n'est qu'une femme, maîtresse de seulement la moitié d'une île et elle est pourtant crainte par l'Espagne, la France, par le Saint-Empire, par tous.* »

La principale intéressée ne manque pas de contribuer à cette image mythique : Élisabeth Ire orchestre son propre culte en organisant des défilés spectaculaires et de multiples tournois pour fêter les anniversaires de son couronnement. Les prouesses maritimes des navigateurs anglais, la mainmise sur le commerce international, les multiples éloges poétiques et les représentations picturales de la reine, dépeinte telle une vierge ou une déesse, ainsi que le théâtre de Christopher Marlowe ou de William Shakespeare, fin observateur de la vie de la cour, consacrent le fameux « âge d'or » élisabéthain.

La vie intime de la reine participe aussi au fantasme : Élisabeth Ire ne se maria jamais, malgré de nombreux prétendants. Ce qui lui vaut le surnom de « Reine Vierge » et fait d'elle la concurrente de la Vierge Marie, autre excellente stratégie de propagande ! La première colonie anglaise en Amérique du Nord est baptisée « Virginie » en l'honneur de la « Virgin Queen ».

En 1560, deux ans après son sacre, et parce qu'on la presse d'assurer sa descendance, elle décide de clore tout débat lors d'un discours devant le Parlement : « *Je suis déjà liée à un mari, c'est le royaume d'Angleterre, et cela doit vous suffire… Ne me reprochez point, non plus, de rester sans enfants, car chacun de vous, et tout autant qu'il y a d'Anglais, vous êtes mes enfants et mes parents.* » Et elle ne cesse d'assurer sa fidélité maritale à ses sujets, « *tous mes époux, mon bon peuple* ». Ce qui contribue évidemment à sa popularité mais, parce qu'on ne conçoit pas qu'une femme peut ou doit gouverner seule, certains la soupçonnent évidemment d'être un homme ! Ces rumeurs misogynes n'empêchent pas le mythe de perdurer et le personnage d'être investi d'enjeux féminins ou féministes plus contemporains : il suffit de contempler la liste infinie des adaptations cinématographiques de la vie d'Élisabeth Ire !

ÉLISABETH II : UN DISCOURS DE SCIENCE-FICTION

« *Il y a moins de trois mois de cela, je me suis adressée à vous. Nous partagions alors tous le bonheur d'un Noël en famille. Nos pensées étaient alors tournées vers les liens forts qui lient chaque génération entre elles, celles qui nous précèdent comme celles à venir. Les horreurs de la guerre ne pouvaient paraître plus lointaines alors que ma famille et moi partagions l'esprit de Noël avec la grande famille formée du Commonwealth.*

Aujourd'hui, la folie de la guerre se propage de nouveau à travers le monde et notre courageuse nation doit encore une fois se préparer à survivre contre vents et marées. »

Voilà ce qu'Élisabeth II aurait eu à dire à son peuple si une Troisième Guerre mondiale était advenue… Elle aurait commencé par faire allusion à son fameux discours de Noël, lui permettant de comparer son royaume à une immense famille traditionnellement unie et chaleureusement rassemblée. Elle aurait ainsi poursuivi : « *Je n'ai jamais oublié la peine et la fierté que ma sœur et moi avons ressenties, quand, recroquevillées près du poste de radio, nous avons écouté le discours de notre père, ce jour fatidique de 1939. Jamais je n'aurais pu imaginer que ce solennel et horrible devoir me reviendrait un jour.*

Nous savons tous que les dangers auxquels nous devons faire face aujourd'hui sont plus grands encore que ceux traversés auparavant au cours de notre longue histoire. L'ennemi n'est plus le soldat armé de son fusil, ni même le pilote qui rôde avec ses bombes au-dessus de nos villes, mais le pouvoir dévastateur des technologies usurpées pour le mal. » La reine aurait pensé à son père, George VI, très timide et autrefois bègue, qui le 3 septembre 1939 eut à prononcer à la BBC son discours le plus important : l'entrée en guerre du Royaume-Uni contre l'Allemagne. Les difficultés d'expression du souverain lui avaient valu la sympathie du peuple et ses efforts pour les résoudre ont fait l'objet, bien plus tard, en 2010, d'un film à succès intitulé *Le Discours d'un roi*.

Enfin, Élisabeth II aurait conclu son propre discours par une prière, comme l'aurait sans doute fait Élisabeth Ire : « *Alors que nous sommes unis pour combattre ces nouvelles forces du mal, prions pour notre pays et pour les hommes de bonne volonté, où qu'ils se trouvent. Que Dieu vous protège.* »

Mais la reine n'a jamais eu à prononcer ce discours, elle n'en avait pas même connaissance jusqu'à ce qu'il paraisse dans la presse britannique en 2013. Mais alors pourquoi et par qui a été écrit ce texte ?

En 1983, en pleine guerre froide, les tensions entre les blocs de l'Est et de l'Ouest avaient atteint leur paroxysme. Cette année-là, le président américain Ronald Reagan avait qualifié l'Union soviétique d'« empire du mal » et avait lancé son projet de « Guerre des étoiles ». Dans ce contexte, les services secrets britanniques décidèrent d'élaborer un scénario catastrophe : une attaque chimique et nucléair de l'URSS qui ferait 33 millions de victim sur son territoire. Ils préparèrent une répon militaire adéquate en organisant un exerc grandeur nature au nom de code « Wir Climax 83 ». Enfin, un comité réunissan membres de l'armée, des services secr du ministère de l'Intérieur rédigea le d que la reine aurait à lire à son peuple pour lui annoncer la Troisième Guerre mondiale…

Cet incroyable document a été déclassifié en juin 2013 : ce n'est donc que trente ans plus tard qu'il a été révélé à Élisabeth II et au monde entier !

ANNE-JOSÈPHE THÉROIGNE DE MÉRICOURT

– LA RÉVOLUTION –

L'été 1789, après la prise sanglante de la Bastille – symbole du pouvoir monarchique absolu – et l'abolition des privilèges de l'Ancien Régime, les premiers articles de la Déclaration des droits de l'homme et du citoyen sont votés par la toute jeune Assemblée constituante. Mais les législateurs – des hommes – ont oublié de mentionner les femmes ! En 1791, Olympe de Gouges conjugue le texte au féminin et propose une Déclaration des droits de la femme et de la citoyenne, énonçant que « la femme naît libre et demeure égale en droits à l'homme ». Cette pionnière fait valoir que si la femme a le droit d'aller à l'échafaud – de payer de sa vie ses engagements politiques –, alors elle a aussi le droit de monter à la tribune et d'exprimer ses opinions de citoyenne. Plus radicale, Anne-Josèphe Théroigne de Méricourt réclamait non seulement le droit de vote pour les femmes – dans les sociétés, clubs et assemblées –, mais aussi le droit de s'organiser en corps armé. Si les femmes démontraient leur vaillance sur le champ de bataille aux côtés des hommes,

ces derniers les reconnaîtraient peut-être enfin comme de véritables citoyennes... Cependant, loin de l'image de folle sanguinaire dont certains révolutionnaires l'affublaient, Théroigne de Méricourt s'inscrit dans la promotion de la philosophie des Lumières, en prônant auprès de ses compatriotes la raison et la sagesse.

Le 23 mars 1792, deux jours avant que Théroigne ne prononce ce discours, Louis VI s'était rapproché des Girondins – une alliance contre-nature qui rendait flagrant le risque de guerre avec l'Autriche. Les révolutionnaires, majoritairement, pensaient que cette guerre affaiblirait le roi, tandis que ce dernier espérait que le conflit lui permettrait de recouvrer son pouvoir absolu. Les souverains étrangers, qui craignaient la contagion républicaine, étaient prêts à intervenir, tandis que la plupart des révolutionnaires français voulaient en découdre avec les vieilles monarchies. C'est ainsi qu'à peine un mois après ce discours, le 20 avril 1792, l'Assemblée et le roi déclareront la guerre à l'Autriche.

DISCOURS À LA SOCIÉTÉ FRATERNELLE DES MINIMES **25 MARS 1792**

« *Citoyennes, quoique nous ayons remporté des victoires, qu'un tyran soit mort, qu'un ministre prévaricateur soit accusé de haute trahison, et que l'Assemblée nationale montre une énergie qui ranime l'espérance des Amis de la Patrie, nous sommes cependant toujours en danger. Sans entrer à cet égard dans des détails qui vous sont connus, je vous répéterai seulement ce que je crois ne pouvoir être trop rappelé à votre souvenir, afin de vous inviter à réfléchir sérieusement sur notre situation ; à ne pas perdre de vue que les torches de la guerre civile sont prêtes à s'allumer ; que l'étendard de la contre-révolution est arboré dans plusieurs parties de l'Empire, qu'il est visible de partout, mais particulièrement dans Paris, des scélérats soudoyés ont un plan de division intestine qu'ils suivent avec la plus grande activité, afin de préparer des partis qui seront toujours funestes à la liberté, si votre vigilance ne déjoue les trames criminelles ourdies par nos ennemis.*

Citoyennes, n'oublions pas que nous nous devons tout entières à la patrie ; qu'il est de notre devoir le plus sacré de resserrer entre nous les liens de l'union, de la confraternité ; et de répandre les principes d'une énergie calme, afin de nous préparer avec autant de sagesse que de courage à repousser les attaques de nos ennemis.

Citoyennes, nous pouvons, par un généreux dévouement, rompre le fil de ces intrigues. Armons-nous ; nous en avons le droit par la nature et même par la loi ; montrons aux hommes que nous ne leur sommes inférieures ni en vertus, ni en courage ; montrons à l'Europe que les Françaises connaissent leurs droits, et sont à la hauteur des Lumières du XVIIIe *siècle ; en méprisant les préjugés, qui par cela seul qu'ils sont préjugés, sont absurdes, souvent immoraux, en ce qu'ils nous sont un crime des vertus.*

Les tentatives que le pouvoir exécutif pourra faire par la suite pour regagner la confiance publique ne seront que des pièges dont nous devons nous défier : tant que nos mœurs ne seront pas d'accord avec nos lois, il ne perdra pas l'espérance de profiter de nos vices pour nous remettre dans les fers. Il est tout simple, et vous devez même vous y attendre; on va mettre en avant les aboyeurs, les folliculaires soudoyés, pour essayer de nous retenir, en employant les armes du ridicule, de la calomnie, et tous les moyens bas que mettent ordinairement en usage les hommes vils pour étouffer les élans du patriotisme dans les âmes faibles. Mais, ***Françaises, actuellement que les progrès des Lumières vous invitent à réfléchir, comparez ce que nous sommes avec ce que nous devrions être dans l'ordre social.*** *Pour connaître nos droits et nos devoirs, il faut prendre pour arbitre la raison, et guidées par elle, nous distinguerons le juste de l'injuste. Quelle serait donc la considération qui pourrait nous retenir, nous empêcher de faire le bien lorsqu'il est évident que nous le pouvons et que nous le devons? Nous nous armerons, parce qu'il est raisonnable que nous nous préparions à défendre nos droits, nos foyers, et que nous serions injustes à notre égard et responsables à la patrie, si la pusillanimité que nous avons contractée dans l'esclavage avait encore assez d'empire pour nous empêcher de doubler nos forces.*

Sous tous les rapports, vous ne pouvez douter que l'exemple de notre dévouement ne réveille dans l'âme des hommes les vertus publiques, les passions dévorantes de l'amour de la gloire et de la patrie. Nous maintiendrons ainsi la liberté par l'émulation et la perfection sociale résultante de cet heureux concours.

Françaises, je vous le répète encore, élevons-nous à la hauteur de nos destinées ; brisons nos fers ; il est temps enfin que les femmes sortent de leur honteuse nullité, où l'ignorance, l'orgueil, et l'injustice des hommes les tiennent asservies depuis si longtemps ; replaçons-nous au temps où nos mères, les Gauloises et les fières Germaines, délibéraient dans les assemblées publiques, combattaient à côté de leurs époux pour repousser les ennemis de la liberté. Françaises, le même sang coule toujours dans nos veines ; ce que nous avons fait à Beauvais, à Versailles, les 5 et 6 octobre, et dans plusieurs autres circonstances importantes et décisives, prouve que nous ne sommes pas étrangères aux sentiments magnanimes. Reprenons donc notre énergie ; car si nous voulons conserver notre liberté, il faut que nous nous préparions à faire les choses les plus sublimes. Dans le moment actuel, à cause de la corruption des mœurs, elles nous paraîtront extraordinaires, peut-être même impossibles ; mais bientôt par l'effet des progrès de l'esprit public et des Lumières, elles ne seront plus pour nous que simples et faciles.

Citoyennes, pourquoi n'entrerions-nous pas en concurrence avec les hommes ? Prétendent-ils eux seuls avoir des droits à la gloire ; non, non... Et nous aussi nous voulons mériter une couronne civique, et briguer l'honneur de mourir pour une liberté qui nous est peut-être plus chère qu'à eux, puisque les effets du despotisme s'appesantissaient encore plus durement sur nos têtes que sur les leurs.

Oui... généreuses citoyennes, vous toutes qui m'entendez, armons-nous, allons nous exercer deux ou trois fois par semaine aux Champs-Élysées, ou au Champ de la fédération ; ouvrons une liste d'amazones françaises ; et que toutes celles qui aiment véritablement leur patrie viennent s'y inscrire ; nous nous réunirons ensuite pour nous concerter sur les moyens d'organiser un bataillon à l'instar de celui des élèves de la patrie, des vieillards ou du bataillon sacré de Thèbes. En finissant, qu'il me soit permis d'offrir un étendard tricolore aux citoyennes du faubourg Saint-Antoine. »

LES FEMMES, GUERRIÈRES ET ÉMEUTIÈRES

Pour encourager ses contemporaines, Théroigne de Méricourt fait référence à leurs ancêtres, Gauloises ou Germaines, qui n'hésitaient pas à se joindre aux hommes sur le champ de bataille. Elle évoque aussi la Grèce antique et le fameux « bataillon sacré de Thèbes », un corps d'élite formé de 150 couples d'amants masculins, dont la mission première était de renforcer la résolution des autres soldats. Mais elle aurait également pu parler de Pauline Léon qui, quelques jours plus tôt, le 6 mars 1792, présentait devant l'Assemblée une pétition signée par plus de 300 Parisiennes pour avoir le droit de former une garde nationale féminine. Elle aurait aussi pu rappeler que c'était la tradition sous l'Ancien Régime d'utiliser les femmes comme boutefeux, comme déclencheurs d'émeutes, notamment dans les révoltes frumentaires. Quand le prix du pain augmentait, c'étaient les femmes, responsables des subsistances de la famille, que l'on envoyait en tête de cortège, tandis que des hommes se mêlaient à elles déguisés en femmes. C'est ainsi que le 5 octobre 1789 des Parisiennes se mirent en marche vers Versailles pour réclamer du pain au roi : elles étaient suivies de milliers de personnes et revinrent le lendemain en escortant des chariots de blé. Ces deux jours sont devenus historiques, car les revendications des révolutionnaires étaient également politiques : on attendait entre autres de Louis XVI qu'il ratifie le principe de la Constitution, ainsi que la Déclaration des droits de l'homme et du citoyen, et qu'il revienne s'installer à Paris. Or, le roi s'exécuta…

« LA BELLE LIÉGEOISE », AMAZONE DE LA RÉVOLUTION

En 1792, Anne-Josèphe Théroigne de Méricourt est âgée de 30 ans et sa vie est déjà riche d'expériences et d'épreuves. Adolescente en fugue, devenue dame de compagnie, elle s'est éprise d'un officier anglais, a ruiné un vieux marquis avant de se faire escroquer par un castrat italien. L'aventurière arrive à Paris au printemps 1789. Séduite par les idéaux de la Révolution française, elle s'installe à Versailles afin de suivre les débats de l'Assemblée constituante. À l'automne, elle déménage à Paris en même temps que l'Assemblée pour ne pas perdre le fil des débats et tient le soir un salon réservé aux hommes politiques. Elle fonde le club patriotique. La Société des amis de la loi, qui a pour but d'informer le peuple des travaux de l'Assemblée. Minoritaire dans un milieu masculin, elle décide de se vêtir en amazone et n'hésite pas à prendre la parole en public. Son allure et ses origines wallonnes lui valent le surnom de « Belle Liégeoise » de la part de ses amis révolutionnaires, et de vives calomnies de la part des contre-révolutionnaires. Les journaux royalistes mènent contre elle une campagne de dénigrement et Théroigne se retrouve sous le coup d'un mandat d'arrêt. Alors qu'elle a fui en Belgique, elle est soupçonnée de complot contre l'empereur autrichien, puis de projet d'assassinat contre Marie-Antoinette. Elle est enlevée par des émigrés royalistes qui la font emprisonner en Autriche. Après neuf mois de détention, elle revient affaiblie à Paris en janvier 1792 : elle rejoint les révolutionnaires du club des Jacobins qui lui font un accueil triomphal. Elle réclame la fin de la royauté, s'engage en faveur de la guerre contre l'Autriche, puis participe activement à la prise des Tuileries qui déchoit Louis XVI le 10 août. En 1793, elle prend parti pour les Girondins et Danton, ce qui lui vaut d'être fouettée nue publiquement par des citoyennes républicaines jacobines... On raconte que cette violente humiliation aurait été fatale à sa santé mentale. Il reste que, en 1794, lorsque Théroigne est arrêtée et internée, Olympe de Gouges et bien d'autres femmes révolutionnaires ont déjà été guillotinées : cet enfermement asilaire s'apparente à une mise à mort puisque Théroigne y passera les vingt-trois dernières années de sa vie.

CE QUE LES HOMMES EN PENSAIENT...

À partir de 1790, à Paris et en province, des femmes se réunissent au sein de clubs pour discuter, manifestant leur volonté de participer pleinement à la vie politique. Le plus célèbre, La Société des républicaines révolutionnaires, a été fondé par Pauline Léon et Claire Lacombe en 1793. De manière générale, les femmes se pressent de plus en plus nombreuses aux assemblées politiques. Mais voici ce que certains révolutionnaires pensent de l'engagement politique des femmes. En janvier 1793, on lit dans Révolutions de Paris :

« *Les femmes n'ont que faire à l'armée. [...] Vous n'êtes bien que dans la maison paternelle et sous le toit marital [...], auprès du berceau d'une naissante famille. Partout ailleurs, vous êtes déplacées. Laissez-nous le fer et les combats; vos doigts délicats sont faits pour tenir l'aiguille, et semer de fleurs le chemin épineux de la vie. Pour vous, l'héroïsme consiste à porter le poids du ménage et les peines domestiques.* » En octobre de la même année, un discours prononcé à la Convention sous la forme d'un rapport sur les femmes s'avère tout aussi édifiant : « *Les droits politiques du citoyen sont de discuter et de faire prendre des résolutions relatives à l'intérêt de l'État [...], et de résister à l'oppression. Les femmes ont-elles la force morale et physique qu'exige l'exercice de l'un et l'autre de ces droits? L'opinion universelle repousse cette idée. [...]*

En général, les femmes sont peu capables de conceptions hautes et de méditations sérieuses [...]. Nous croyons donc qu'une femme ne doit pas sortir de la famille pour s'immiscer dans les affaires du gouvernement. »

À la fin de l'année 1793, les femmes commencent à se voir refuser toute participation à la vie politique : les clubs de femmes sont fermés, puis on leur interdit l'accès aux assemblées et aux tribunes, ainsi que de se réunir dans la rue à plus de cinq personnes.

SOJOURNER TRUTH

– LES DROITS DE LA FEMME –

Dans les années 1850, aux États-Unis, comme dans bien d'autres pays, les femmes n'avaient pas de personnalité juridique propre : elles dépendaient entièrement de leur mari ou de leur père. Les femmes étaient privées de suffrage, mais également exclues des partis politiques ; et les épouses ne disposaient d'aucun droit à la propriété. Les hommes avaient le droit d'exercer un pouvoir arbitraire très étendu sur le corps et les biens d'une femme, suivant des lois sous-tendues par des croyances en la supériorité masculine. Dans le contexte américain, on voit combien la cause des femmes rejoint celle des esclaves. Dès les années 1830, des femmes blanches avaient mené des campagnes anti-esclavagistes ; l'organisatrice de la première « Convention des droits de la femme », Elizabeth Cady Stanton, était à la fois féministe et abolitionniste. Dans le nord du pays, des conventions sur le modèle de celle qui s'était tenue en 1848 à Seneca Falls dans l'État de New York se sont multipliées. Ainsi, en 1851, à Akron dans l'Ohio, des femmes et des hommes se rassemblèrent pour discuter de la question du suffrage féminin. L'initiative en revenait à nouveau à Elizabeth Cady Stanton ; elle était accompagnée de Frederick Douglass, ancien esclave devenu

une haute figure de l'abolitionnisme, qui avait lui-même invité une autre affranchie nommée Sojourner Truth...

« Tous les journaux du pays vont confondre notre cause avec celle de l'abolition et des nègres. », souffle-t-on à la présidente de réunion, Frances Dana Gage. Mais la militante ne se laisse pas dissuader et fait intervenir Sojourner Truth à la tribune. Il était encore très rare qu'une femme ou un Noir prennent la parole en public : outre ces deux qualités, Sojourner Truth recelait des talents d'oratrice hors pair. Elle allait méduser l'assemblée, et « moucher » les précédents intervenants qui vantaient les droits supérieurs de l'homme, ainsi que les femmes blanches aux préjugés racistes avec son fameux leitmotiv : *« Ne suis-je pas une femme ? »*

En 1863, Frances Dana Gage rapportera l'intervention de Sojourner Truth pour en livrer une version sans doute quelque peu romancée, mais qui traduit bien la puissance dont peut se charger un discours, aussi bref soit-il : *« Je me suis levée et j'ai annoncé "Sojourner Truth", et j'ai prié l'audience de rester silencieuse pour quelques instants. Le tumulte cessa sur le champ, et tous les yeux se dirigèrent vers cette silhouette évoquant une amazone, qui se dressait avec son 1,80 m, la tête droite, et les yeux perçant l'air comme dans un rêve. Dès ses premiers mots, il y eut un profond silence. Elle parlait avec un timbre profond, sans pour autant être fort, qui atteignait chaque auditeur présent dans l'assemblée, et jusqu'à la foule réunie aux portes et aux fenêtres. »*

DISCOURS À LA CONVENTION DES DROITS DE LA FEMME À AKRON, OHIO, ÉTATS-UNIS 1851

« Bon, les enfants, quand il y a un tel raffut, c'est que quelque chose ne tourne pas rond. Je pense que, entre les nègres du Sud et les femmes du Nord qui tous parlent de leurs droits, les hommes blancs ne vont pas tarder à être dans le pétrin. Mais de quoi parle-t-on donc ici ?

Cet homme là-bas dit qu'on doit aider les femmes à monter en voiture, qu'on doit les porter pour franchir un fossé et leur céder partout la meilleure place. Personne ne m'a jamais aidée à monter dans une voiture ou à sauter par-dessus une flaque de boue, et on ne m'a jamais donné la meilleure place !

Et ne suis-je pas une femme ? Regardez-moi ! Regardez mon bras ! J'ai labouré, j'ai planté, j'ai engrangé des récoltes, et aucun homme ne me surpassait ! Et ne suis-je pas une femme ? J'étais capable de travailler et de manger autant qu'un homme – quand il y avait à manger – et moi aussi j'ai reçu des coups de fouet ! Et ne suis-je pas une femme ? J'ai mis au monde treize enfants, que j'ai vus pour la plupart être vendus comme esclaves, et quand j'ai hurlé avec tout le désespoir d'une mère, seul Jésus m'a entendue ! Et ne suis-je pas une femme ?

Ensuite, on a parlé de cette chose, là, dans la tête ; comment appellent-ils ça ? « L'intellect », murmura quelqu'un à côté. C'est ça, chéri.

Qu'est-ce que ça a à voir avec les droits des femmes ou les droits des nègres ? Si mon verre ne contient qu'un demi-litre, et le tien un litre, tu ne prétendrais tout de même pas ne pas me laisser avoir ma petite demi-mesure bien remplie ?

Et puis ce petit homme en noir là-bas, il dit que les femmes ne peuvent pas avoir autant de droits que les hommes, parce que le Christ n'était pas une femme ! D'où il vient, votre Christ ? D'où vient votre Christ ? De Dieu et d'une femme ! L'homme n'avait rien à voir avec Lui.

Si la première femme que Dieu ait jamais créée a été suffisamment forte pour mettre le monde sens dessus dessous toute seule, alors toutes ces femmes ici ensemble devraient être capables de le renverser et de le remettre à l'endroit ! *Et aujourd'hui qu'elles demandent à le faire, les hommes auraient intérêt à leur accorder. Je vous suis bien reconnaissante de m'avoir écoutée, maintenant la vieille Sojourner n'a rien de plus à dire.* »

LA FEMME QUI FAISAIT **VOYAGER LA VÉRITÉ**

Isabella Baumfree est née dans une ancienne colonie hollandaise dans l'État de New York, de parents esclaves. Elle a elle-même été vendue à l'âge de 11 ans et ne parlait alors que le néerlandais. Adolescente, elle a été unie contre son gré à un esclave plus vieux dont elle a eu plusieurs enfants.

En 1827, l'esclavage est aboli dans l'État de New York, mais son propriétaire refusant de la libérer, Isabella Baumfree s'enfuit avec la plus jeune de ses filles. La même année, elle poursuit en justice un esclavagiste du Sud qui a acheté son fils : elle est la première femme noire à gagner un procès contre un homme blanc. Elle travaille alors comme domestique pour des communautés religieuses, écoute les sermons et commence à prêcher elle-même, ce qui forge ses talents d'oratrice. Elle fréquente les Quakers, groupe religieux abolitionniste qui accordait aux femmes la possibilité de s'exprimer en public et de prendre des décisions au sein de la communauté. Isabella Baumfree acquiert ainsi les bases de ses revendications d'égalité et de justice. En 1841, elle s'installe à Northampton dans le Massachusetts dans une communauté utopique où elle rencontre l'abolitionniste Frederick Douglass. Deux ans plus tard, elle est traversée par une révélation spirituelle : elle se sent investie d'une mission divine qui consiste à se battre pour le droit des humains. Elle a 46 ans, abandonne son nom d'esclave et devient Sojourner (la voyageuse) Truth (la vérité), un surnom qui résume bien sa tâche. C'est ainsi qu'elle va commencer à voyager dans le nord des États-Unis et prêcher en faveur de l'abolition de l'esclavage, du droit des femmes et de la liberté religieuse. Ne sachant ni lire ni écrire, elle rédige ses mémoires avec l'aide d'une voisine : *L'Histoire de Sojourner Truth, une esclave du Nord* est publié en 1850. Lorsqu'elle intervient à la Convention des droits de la femme dans l'Ohio en 1851, Sojourner Truth a déjà fait parler d'elle en tant que fervente abolitionniste. Mais elle est aussi l'une des premières militantes à associer la lutte des esclaves et celle des femmes pour leur émancipation. Harriet Beecher-Stowe, l'auteure de *La Case de l'oncle Tom*, lui consacrera bientôt des articles. Pendant la guerre de Sécession, Sojourner Truth se battra pour le recrutement de soldats noirs dans l'armée nordiste contre les Sudistes. Après la promulgation d'émancipation en 1863, elle s'installe à Washington D.C. et rencontre le président Abraham Lincoln sur la question de la ségrégation dans les tramways. Si l'esclavage est aboli, la ségrégation n'en est pas éradiquée pour autant. Sojourner Truth ne cessera jamais son combat, aidant d'anciens esclaves à trouver du travail, militant pour l'accès des Noirs à la propriété, se prononçant contre la peine de mort et pour la réforme des prisons.

Lors d'un prêche de Sojourner Truth, on raconte qu'un homme de l'assemblée a demandé à ce que le corps de l'oratrice soit examiné : il ne pouvait croire que tant de puissance émane d'une femme ! C'est pourtant bien pour cette force mythique que Sojourner Truth est aujourd'hui célèbre et célébrée aux États-Unis, au point que son prénom est venu baptiser le robot de la sonde spatiale Mars Pathfinder en 1997 – dans un domaine masculin s'il en est…

LA « DÉCLARATION DE SENTIMENTS » : NAISSANCE DU FÉMINISME AMÉRICAIN

L'été 1848, à Seneca Falls, dans l'État de New York, cinq amies décident d'organiser une « Convention des droits de la femme ». Trois cents personnes seront présentes, dont trente-deux hommes parmi lesquels le célèbre abolitionniste Frederick Douglass. À l'issue de cette convention, Elizabeth Cady Stanton rédige la « Déclaration de sentiments » qui revendique le droit des femmes à accéder au véritable statut de citoyennes aux États-Unis. Le texte s'ouvre sur une accusation du gouvernement :

« *Nous tenons comme vérités allant de soi que tous les hommes et les femmes sont créés égaux; qu'ils sont doués par le Créateur de certains droits inaliénables ; que, parmi ceux-ci, sont la vie, la liberté et la poursuite du bonheur ; que, pour garantir ces droits, des gouvernements sont institués, dont les pouvoirs sont tirés du consentement des gouvernés. Chaque fois qu'une forme de gouvernement devient destructive de ces droits, il est du droit de ceux qui souffrent de lui refuser leur allégeance et d'exiger l'établissement d'un nouveau gouvernement, en l'organisant de la manière qui leur paraîtra la plus à même de leur assurer sûreté et bonheur.* »

Construit sur le modèle de la Déclaration d'indépendance, le texte énumère ensuite les préjudices que la femme subit : l'homme lui refuse le droit de vote, l'oblige à se soumettre à des lois qu'elle ne contribue pas à édicter, prive la femme mariée de son droit à la propriété et même du salaire de son travail, empêche les femmes de recevoir une véritable éducation et d'occuper un poste lucratif ou prestigieux... En conclusion :

« *Dans ces circonstances, compte tenu de cette totale privation de droits civiques infligée à la moitié de la population de ce pays, de son humiliation sociale et religieuse, [...] et parce que les femmes se sentent blessées, opprimées et dépossédées à tort des droits les plus sacrés, nous exigeons qu'elles accèdent immédiatement à tous les droits et privilèges qui leur appartiennent en tant que citoyennes des États-Unis.* »

Elizabeth Cady Stanton annonce enfin que les femmes vont désormais multiplier les pétitions, les réunions publiques et la mobilisation de la presse : ce qu'elles vont effectivement s'employer à accomplir dans les décennies suivantes.

LOUISE MICHEL

– L'ANARCHIE –

Engagée aux côtés de tous les opprimés, prolétaires, pauvres, détenus, femmes ou colonisés, Louise Michel a fait de sa parole hardie et de ses talents d'oratrice une arme de combat. Dans les années 1860, elle s'engage dans une activité militante, adepte du socialisme d'Auguste Blanqui, républicain révolutionnaire prônant l'égalité sociale sans compromis.

Le 1er septembre 1870, les Français sont battus par les Prussiens à Sedan, ce qui entraîne la chute de Napoléon III, la fin de l'Empire et la proclamation de la République. Mais cette république monarchiste n'est pas celle que désirent les socialistes. En outre, Paris assiégée par l'armée prussienne connaît une redoutable famine durant l'hiver. Le 18 mars 1871, le peuple parisien affamé s'insurge, les classes populaires s'organisent et un contre-gouvernement autonome se met en place pour préparer une république démocratique et sociale : la Commune de Paris est proclamée. Effrayée par cette révolution, l'Assemblée nationale se réfugie à Versailles ; Adolphe Thiers, chef du pouvoir exécutif, organise le siège de Paris pour mater l'insurrection, provoquant une véritable guerre civile. Louise Michel participe activement à la défense de

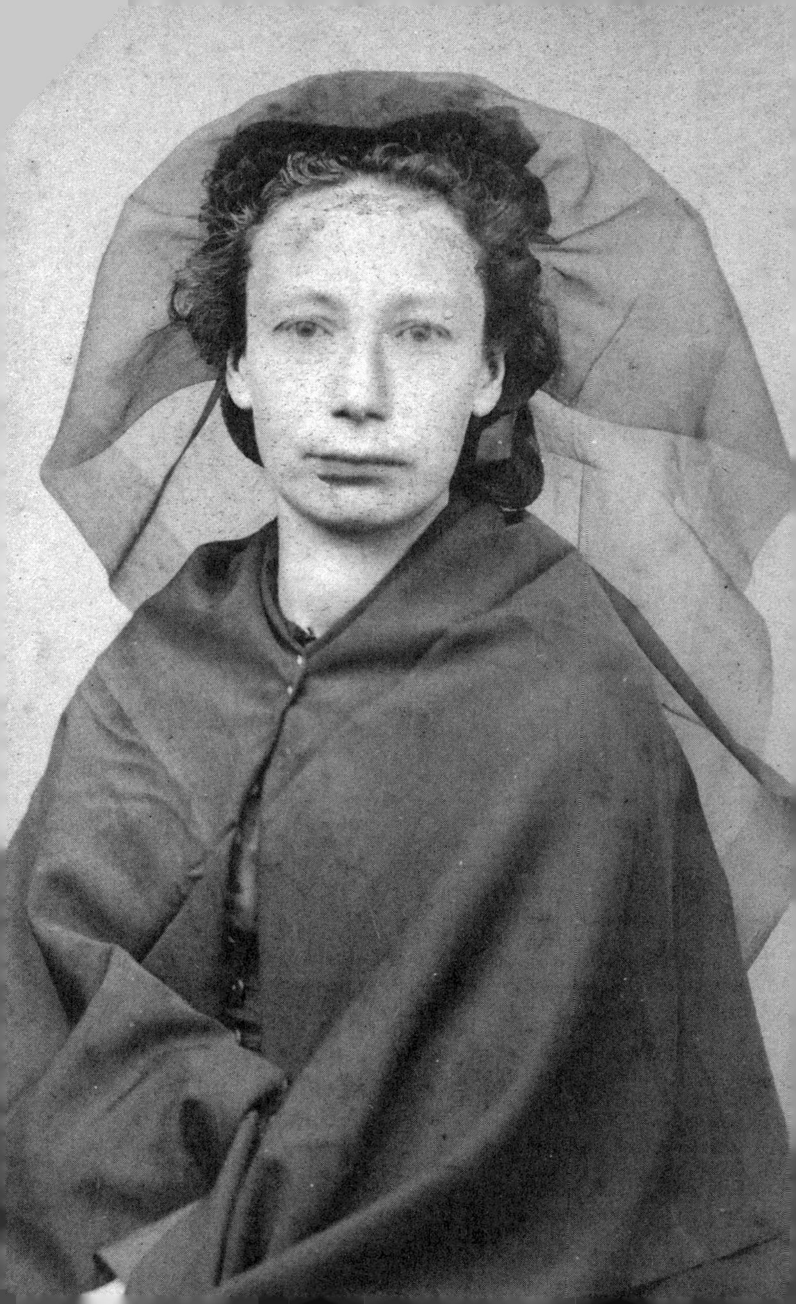

la Commune, elle s'impose par ses discours au Club de la révolution qu'elle a fondé, se bat sur les barricades et se déclare prête à se rendre seule à Versailles pour assassiner Thiers. Mais lorsque sa mère est prise en otage par les Versaillais, elle se constitue prisonnière pour la faire libérer. En décembre 1871, elle est jugée par un conseil de guerre : elle assure elle-même sa défense et transforme son procès en tribune, réclamant la peine de mort par solidarité avec ses compagnons fédérés exécutés par milliers au camp de Satory. Ce qui fera d'elle la grande figure féminine de la Commune. Elle est condamnée à la déportation dans un bagne en Nouvelle-Calédonie où elle passera sept ans.

En 1880, Louise Michel est de retour en France et son exil forcé ne l'a pas assagie. Elle reprend son activité militante, intervient dans des réunions politiques, toujours fidèle aux idéaux de la Commune, mais désormais adepte de l'anarchisme. Le 9 mars 1883, elle mène aux Invalides une manifestation au nom des « sans-travail » au cours de laquelle trois boulangeries sont pillées. Louise Michel se rend aux forces de l'ordre et elle est emprisonnée. Le 21 juin s'ouvre son procès : à nouveau, elle se défend seule et transforme son banc d'accusée en tribune. Elle sera condamnée pour « excitation au pillage » à six ans de réclusion, assortis de dix années de surveillance de haute police.

DISCOURS À LA COUR D'ASSISES DE LA SEINE, FRANCE **22 JUIN 1883**

« Il y a quelque chose de plus important, dans ce procès, que l'enlèvement de quelques morceaux de pain. Il s'agit d'une idée qu'on poursuit ; il s'agit des théories anarchistes qu'on veut à tout prix condamner. On insiste sur la fameuse brochure : « À l'armée ! » à laquelle le ministère public semble s'être appliqué à faire une publicité à laquelle on ne s'attendait guère. On a agi autrement durement envers nous en 1871.

J'ai vu les généraux fusilleurs ; j'ai vu M. de Gallifet faire tuer, sans jugement, deux négociants de Montmartre qui n'avaient jamais été partisans de la Commune ; j'ai vu massacrer des prisonniers, parce qu'ils osaient se plaindre.

On a tué les femmes et les enfants ; on a traqué les fédérés comme des bêtes fauves ; j'ai vu des coins de rue remplis de cadavres. Ne vous étonnez pas si vos poursuites nous émeuvent peu.

Ah certes, monsieur l'avocat général, vous trouvez étrange qu'une femme ose prendre la défense du drapeau noir.

Pourquoi avons-nous abrité la manifestation sous le drapeau noir ?

Parce que ce drapeau est le drapeau des grèves et qu'il indique que l'ouvrier n'a pas de pain.

Si notre manifestation n'avait pas dû être pacifique nous aurions pris le drapeau rouge; il est maintenant cloué au Père-Lachaise, au-dessus de la tombe de nos morts. Quand nous l'arborerons, nous saurons le défendre.

Nous n'avons pas fait appel à l'Internationale morte parce qu'on n'a pu en réunir les tronçons et parce que l'Internationale est un pouvoir occulte et qu'il est temps que le peuple se montre au grand jour.

On parlait tout à l'heure de soldats tirant sur les chefs : eh bien! à Sedan, si les soldats avaient tiré sur les chefs, pensez-vous que c'eût été crime? L'honneur au moins eût été sauf. Tandis qu'on a observé cette vieille discipline militaire, et on a laissé passer M. Bonaparte, qui allait livrer la France à l'étranger.

Mais je ne poursuis pas Bonaparte ou les d'Orléans; je ne poursuis que l'idée. J'aime mieux voir Gautier, Kropotkine et Bernard dans les prisons qu'au ministère. Là, ils servent l'idée socialiste, tandis que dans les grandeurs on est pris par le vertige et on oublie tout.

Quant à moi, ce qui me console, c'est que je vois au-dessus de vous, au-dessus des tribunaux se lever l'aurore de la liberté et de l'égalité humaine.

Nous sommes aujourd'hui en pleine misère et nous sommes en République, mais ce n'est pas là la République.

La République que nous voulons, c'est celle où tout le monde travaille, mais aussi où tout le monde peut consommer ce qui est nécessaire à ses besoins [...].

On nous parle de liberté : il y a la liberté de la tribune avec cinq ans de bagne au bout. Pour la liberté de réunion c'est la même chose. En Angleterre, le meeting aurait eu lieu; en France, on n'a pas même fait les sommations de la loi pour faire retirer la foule qui serait partie sans résistance.

Le peuple meurt de faim, et il n'a pas même le droit de dire qu'il meurt de faim. ***Eh bien, moi, j'ai pris le drapeau noir et j'ai été dire que le peuple était sans travail et sans pain. Voilà mon crime;*** *vous le jugerez comme vous voudrez.*

Vous dites que nous voulons faire une révolution. Mais ce sont les choses qui font les révolutions : c'est le désastre de Sedan qui a fait tomber l'empire, et quelque crime de notre gouvernement amènera aussi une révolution. Cela est certain. Et peut-être vous-mêmes, à votre tour, vous serez du côté des indignés si votre intérêt est d'y être.

Songez-y bien. S'il y a tant d'anarchistes, c'est qu'il y a beaucoup de gens dégoûtés de la triste comédie que depuis tant d'années nous donnent les gouvernants.

Je suis ambitieuse pour l'humanité; moi je voudrais que tout le monde fût assez artiste, assez poète pour que la vanité humaine disparût. Pour moi, je n'ai plus d'illusion. Et tenez, quand M. l'avocat général parle de ma vanité. Eh bien ! j'ai trop d'orgueil même pour être un chef : il faut qu'un chef à des moments donnés s'abaisse devant ses soldats et puis, tout chef devient un despote.

Je ne veux pas discuter l'accusation de pillage que l'on me reproche, cela est trop ridicule. Mais, si vous voulez me punir, je commets tous les jours des délits de presse, de parole, etc. Eh bien ! poursuivez-moi pour ces délits.

En somme, le peuple n'a ni pain ni travail, et nous n'aurons en perspective que la guerre. Et nous, nous voulons la paix de l'humanité par l'union des peuples.

Voilà les crimes que nous avons commis.

Chacun cherche sa route ; nous cherchons la nôtre et nous pensons que le jour où le règne de la liberté et de l'égalité sera arrivé, le genre humain sera heureux. »

DRAPEAU ROUGE OU DRAPEAU NOIR ?

« *Ah certes, monsieur l'avocat général, vous trouvez étrange qu'une femme ose prendre la défense du drapeau noir* » clame Louise Michel à l'occasion de son procès. Lors de la manifestation aux Invalides le 9 mars 1883, elle brandissait en effet un drapeau noir improvisé à partir d'un vieux jupon fixé au bout d'un manche à balai ! Un an plus tôt, lors d'un meeting, Louise Michel s'était clairement prononcée pour l'adoption du drapeau noir par les anarchistes, socialistes libertaires, afin qu'ils se distinguent des socialistes parlementaires. Ainsi, depuis la fin de l'année 1882, les anarchistes avaient abandonné le drapeau rouge qui était celui des révolutionnaires, des communards et des ouvriers, mais qui, ayant déjà été arboré par des gouvernants, avait servi d'étendard à l'autorité. Le drapeau noir était celui des Canuts, ouvriers de la soie : c'est à Lyon en 1831, lors d'une révolte d'une ampleur extraordinaire, qu'on l'avait vu apparaître pour la première fois. C'est avec Louise Michel qu'il est devenu l'étendard de l'anarchisme.

« PÉTROLEUSE » ?
« PLUS GRANDE QU'UN HOMME » !

Louise Michel, fille naturelle d'un châtelain, a eu la chance de recevoir une bonne instruction et une éducation libérale, de lire Voltaire, Rousseau et les poèmes de Victor Hugo, jusqu'à ce que sa belle-mère, telle la marâtre de Blanche-Neige, ne la chasse du château familial. Louise Michel fit alors des études pour obtenir un diplôme d'institutrice et, dès l'âge de 22 ans, ouvrit en Haute-Marne une école libre pour ne pas avoir à prêter serment à l'empereur Napoléon III. Sous l'Empire, elle fait chanter *La Marseillaise* à ses élèves. Ses méthodes pédagogiques avant-gardistes, anti-autoritaires et laïques, valurent à l'intré-pide jeune femme d'être convoquée par le préfet. Elle ne se départira jamais de son idéal d'« une humanité haute et libre sur la terre libre ». En 1856, Louise Michel quitte la Haute-Marne pour Paris. Elle continue d'exercer son métier d'institutrice et ouvre sa propre école à Montmartre : elle croit au progrès soutenu par l'instruction de toutes et tous. Elle écrira plus tard : « *La tâche des instituteurs est de donner au peuple les moyens intellectuels de se révolter.* » Elle commence à militer, collabore à des journaux d'opposition, tel *Le Cri du peuple* dirigé par Jules Vallès, rencontre le jeune militant socialiste Théophile Ferré, le seul homme dont elle ait été amoureuse et qu'elle verra condamné à mort en 1871. Pendant la Commune de Paris, elle fera partie de l'aile révolutionnaire la plus radicale. Elle est la présidente du Comité de vigilance de Montmartre et anime le Club de la révolution à l'église Saint-Bernard. La presse versaillaise, partisane de Thiers, multiplie les calomnies et les caricatures à son encontre, la comparant à Théroigne de Méricourt, la qualifiant de « mégère », de « Vierge rouge », de « louve avide de sang », de « pétroleuse » – un qualificatif attribué aux communardes que l'on soupçonnait à tort d'incendier les rues. Cependant, le discours que Louise Michel prononce lors de son procès lui vaut un poème de Victor Hugo intitulé « Viro major », « plus grande qu'un homme ». Lors de sa déportation en Nouvelle-Calédonie, elle apprend à lire à de jeunes Canaques, s'initie à leur langue, écrit sur leur culture et leur apporte son aide lors de leur révolte en 1878. Car c'est aussi une République anticolonialiste que Louise Michel prône, à une époque où l'on considère les populations autochtones des colonies comme des « sauvages ». Lors de son retour en France en 1883, elle reçoit un accueil triomphal : elle est désormais considérée comme une icône révolutionnaire et est en passe de devenir une figure de proue du mouvement anarchiste. Elle poursuit ses actions en faveur des ouvriers et des « sans-travail ». Elle est arrêtée et emprisonnée à plusieurs reprises, mais elle ne cessera jusqu'à sa mort de sillonner la France et l'Europe pour défendre son idéal de justice sociale. À une époque où l'on dénie aux femmes toute capacité de pensée politique, elle écrit : « *Si l'égalité entre les deux sexes était reconnue, ce serait une fameuse brèche dans la bêtise humaine.* »

Le 21 janvier 1905, une foule considérable suivait le cortège funèbre de Louise Michel de la gare de Lyon à Paris jusqu'au cimetière de Levallois où elle est inhumée aux côtés de sa mère.

EMMELINE PANKHURST

– LE DROIT DE VOTE –

En 1913, cela faisait déjà plus de trente ans qu'Emmeline Pankhurst se battait pour le droit de vote des femmes britanniques. Les gouvernements successifs s'y opposaient ou faisaient de fausses promesses et la répression des suffragettes pouvait être très brutale. Un millier d'entre elles avaient été emprisonnées, certaines avaient même trouvé la mort au cours de manifestations. La dirigeante de l'Union politique et sociale des femmes (WSPU) était connue pour ses méthodes de lutte radicales : Emmeline Pankhurst comparait son mouvement à « une armée sur le terrain », prônant « non les paroles, les actes » selon le slogan de la WSPU. Pourtant, la combattante se distinguait également par ses redoutables talents d'oratrice.

Lors de son arrivée aux États-Unis, Emmeline Pankhurst avait été retenue pendant deux jours à Ellis Island, le centre de réception des immigrants sur le sol américain, avant d'être autorisée à entrer par le président Wilson. Sous le coup d'une condamnation à trois ans d'emprisonnement, elle arrivait officiellement avec un statut de « prisonnière temporairement libérée », ce qu'elle va

expliquer à son auditoire. La célèbre militante avait été invitée à Hartford par l'association du droit de vote des femmes du Connecticut, mais le but de sa visite était de lever des fonds pour son mouvement. Elle se montrera très convaincante, évoquant les moments les plus choquants de la lutte des suffragettes britanniques, notamment la réponse du gouvernement aux grèves de la faim : le gavage de force et la loi dite du chat et de la souris… Emmeline Pankhurst prétend qu'une victoire britannique serait une promesse pour les femmes du monde entier. Cependant, les Américaines obtiendront le droit de vote en 1920, huit ans avant les Anglaises, et vingt-quatre ans avant les Françaises…

DISCOURS À HARTFORD, CONNECTICUT, ÉTATS-UNIS
13 NOVEMBRE 1913

« Je ne viens pas ici en tant que plaideur, car quelle que soit la place qu'occupe le mouvement des suffragettes aux États-Unis d'Amérique, aujourd'hui, en Angleterre il a dépassé le cadre du simple plaidoyer pour pénétrer dans la sphère politique. C'est désormais une affaire de révolution et de guerre civile. C'est pourquoi, ce soir, je ne suis pas ici pour plaider le droit de vote des femmes. Les suffragettes américaines sont capables de le faire parfaitement elles-mêmes.

Je suis ici telle une combattante qui a momentanément quitté le champ de bataille pour expliquer (il est curieux que cela doive être expliqué) ce à quoi ressemble la guerre civile quand la guerre civile est menée par des femmes. Mais ce n'est pas uniquement en tant que combattante momentanément absente du champ de bataille que je suis ici – et c'est sans doute la raison la plus curieuse de ma venue. Vous avez devant vous quelqu'un qui, selon ce que les lois de son pays ont décidé, ne représente aucune valeur pour la communauté. C'est un fait qui a été tranché. En raison de mes activités, on m'a déclarée « personne dangereuse » et condamnée à une peine de réclusion criminelle.

Si des révolutionnaires vous viennent de Russie, s'ils vous viennent de Chine ou de n'importe quel autre endroit du monde, vous n'avez aucun mal à le concevoir quand ce sont des hommes. Mais puisque je suis une femme, il me faut expliquer pourquoi les femmes ont adopté des méthodes révolutionnaires pour gagner leurs droits de citoyennes. Nous, les femmes, quand nous voulons exposer clairement notre cause, devons toujours inclure dans notre argumentation un fait très simple et le faire comprendre aux hommes de notre audience : les femmes sont des êtres humains.

[...] Il y a huit ans maintenant que le terme « militant » a été utilisé pour la première fois pour décrire notre action. On n'avait pourtant rien de militant, c'est plutôt du côté de nos opposants que nos actes ont provoqué du militantisme. Quand, dans les rassemblements politiques, les femmes posaient des questions et ne parvenaient pas à obtenir de réponses,

elles ne faisaient rien de militant. En Grande-Bretagne, c'est une habitude, une habitude consacrée, de poser des questions aux candidats à la députation et aux membres du gouvernement. Aucun homme n'a jamais été exclu d'une réunion publique pour avoir posé une question. Les premières personnes qui ont été exclues d'une réunion pour avoir posé des questions, ce sont des femmes ; elles ont été brutalisées et, en moins de vingt-quatre heures, se sont retrouvées en prison. On nous a qualifiées de militantes et nous avons accepté ce nom. Nous étions déterminées à imposer cette question de l'affranchissement des femmes jusqu'à ce que les politiciens ne puissent plus l'ignorer.

Prenez deux bébés qui ont très faim et qui veulent être nourris. L'un des bébés, patient, attend indéfiniment jusqu'à ce que sa mère soit prête. L'autre bébé, impatient, pleure sans cesse, hurle, frappe et insupporte tout le monde jusqu'à ce qu'il soit nourri. Nous savons parfaitement de quel bébé on s'occupera en premier. Voilà toute l'histoire de la politique. Vous devez faire davantage de bruit que tout le monde, vous devez vous faire remarquer davantage que tout le monde, vous devez faire davantage de démarches que tout le monde. En fait, vous devez rester vigilant en permanence afin d'être sûr de ne pas vous faire ensevelir.

En état de guerre, les gens souffrent ; et les non-combattants souffrent autant que les combattants. Et c'est aussi ce qui se passe durant une guerre civile. Quand vos ancêtres ont jeté des cargaisons de thé dans le port de Boston, de nombreuses femmes ont dû se passer de leur thé. Il m'a toujours semblé extraordinaire que ce ne soit pas le whisky qu'on ait balancé par-dessus bord : vous avez sacrifié les femmes. Et ils sont nombreux les actes de guerre dont les hommes se glorifient qui ont impliqué bien plus de sacrifices pour les femmes que pour aucun homme. Il en est toujours allé ainsi. Les griefs de ceux qui ont le pouvoir, l'influence de ceux qui ont le pouvoir attirent beaucoup l'attention; mais les injustices vécues par ceux qui n'ont aucun pouvoir, leurs doléances, peuvent être tout bonnement ignorées. C'est là toute l'histoire de l'humanité depuis ses origines.

[...] Si vous vous trouvez au cœur d'une révolution industrielle, si les hommes et les femmes d'une même classe se dressent contre les hommes et les femmes d'une autre classe, vous pouvez identifier le problème ; si une importante grève industrielle a lieu, vous savez exactement où s'exerce la violence et comment la lutte sera menée. Mais dans notre guerre contre le gouvernement, vous ne pouvez rien identifier. Nous ne portons pas de marque visible; nous appartenons à toutes les classes; nous sommes infiltrées dans toutes les classes, de la plus haute à la plus basse. C'est ainsi, voyez-vous, que cette guerre civile menée par les femmes, les chers hommes de mon pays réalisent qu'il leur est absolument impossible d'y parer : on ne peut ni l'identifier ni l'arrêter.

« Mettez-les en prison, disent-ils, cela mettra un terme au mouvement. » Mais cela ne l'a pas arrêté du tout : plutôt que de renoncer,

davantage de femmes s'y sont ralliées, puis encore et encore davantage jusqu'à ce qu'elles soient 300 réunies en même temps, sans avoir enfreint aucune loi, simplement « en se rendant insupportables », pour reprendre l'expression des politiciens.

C'est alors qu'ils ont commencé à légiférer. Pour lutter contre cette agitation, le gouvernement britannique a fait passer des lois contraignantes en nombre, plus de lois qu'il n'en a jamais été nécessaire durant toute l'histoire de l'agitation politique de mon pays.

[…] Ils nous ont dit que le gouvernent reposait sur la force, que les femmes n'avaient pas de force et qu'elles devaient donc se soumettre. Nous sommes en train de leur montrer que le gouvernement ne repose pas du tout sur la force : il repose sur le consentement. ***Tant que les femmes consentent à être gouvernées de manière inéquitable, elles le sont****, mais les femmes disent clairement : « Nous retirons notre consentement à tout gouvernement tant qu'il sera inéquitable. » Les forces de la guerre civile ne vous permettent pas de gouverner la plus faible des femmes. Vous pouvez tuer cette femme, mais alors elle vous échappe, vous ne la gouvernez pas. Aucun pouvoir sur terre ne peut gouverner un être humain, aussi faible soit-il ou soit-elle, sans son consentement.*

Au début, quand on nous a mises en prison pour le simple fait d'organiser des pétitions, nous avons plié. Nous les avons laissé nous vêtir de tenues pénitentiaires, nous les avons laissé nous mettre à l'isolement, nous les avons laissé nous mêler aux pires criminels. Nous avons découvert, comme jamais nous n'aurions pu le faire, certains des maux les plus épouvantables de notre prétendue civilisation. Ce fut une expérience précieuse : nous avons été heureuses de l'éprouver.

J'ai vu des hommes sourire quand ils entendaient l'expression « grève de la faim », et pourtant je pense que très peu d'hommes aujourd'hui seraient prêts à s'engager dans une grève de la faim pour défendre une cause. Il n'y a que les gens pour lesquels l'oppression est intolérable qui sont capables de recourir à de tels moyens. Cela signifie refuser de manger jusqu'à se trouver aux portes du trépas, et les autorités doivent alors trancher : vous laisser mourir ou vous laisser sortir. Finalement, on a laissé les femmes sortir.

[…] Puis, une nouvelle loi est arrivée, la « loi du chat et de la souris ». Le ministre de l'Intérieur a dit : « Donnez-moi le pouvoir de faire sortir ces femmes lorsqu'elles sont aux portes du trépas ; laissez-les en liberté provisoire jusqu'à ce qu'elles recouvrent la santé et ensuite ramenez-les-moi. » Cette loi est passée afin de réprimer le mouvement, de faire céder les femmes – parce que c'est bien là qu'on en est arrivé, mesdames et messieurs. Nous en sommes arrivés à une bataille entre les femmes et le gouvernement, pour savoir qui va céder en premier : cèderont-ils et nous donneront-ils le droit de vote ? Ou bien abandonnerons-nous le mouvement ?

Il semblerait qu'ils ne savent pas bien ce que sont les femmes. Les femmes sont très lentes à s'éveiller, mais une fois qu'elles sont éveillées, une fois qu'elles sont déterminées, rien sur terre ni au ciel ne peut les arrêter. C'est impossible. C'est pourquoi cette « loi du chat et de la souris », aujourd'hui appliquée contre les femmes, a échoué.

[...] Des femmes sortent de leur lit sur des brancards pour aller assister à des réunions. Elles sont trop faibles pour parler, mais sont présentes aux côtés de leurs camarades pour leur montrer que leur énergie est inextinguible, que leur esprit est alerte et qu'elles sont décidées à poursuivre la lutte aussi longtemps qu'elles seront en vie.

Maintenant, je souhaite dire à ceux qui pensent que les femmes ne peuvent pas réussir – c'est la position du gouvernement anglais aujourd'hui – qu'ils doivent se confronter à cette alternative : soit les femmes seront assassinées, soit les femmes obtiendront le vote. Je demande aux hommes américains de cette assemblée : que diriez-vous si dans votre État vous étiez confrontés à une telle alternative, de devoir tuer ou donner la citoyenneté ? Il n'y a qu'une réponse possible à cette alternative, il n'y a qu'une issue : vous devez donner le droit de vote à ces femmes.

En Amérique, vous avez gagné votre liberté par la révolution, par le sang, en sacrifiant des vies. Vous avez gagné la guerre de Sécession en sacrifiant des vies, quand vous avez décidé d'émanciper les Noirs. Dans ce même pays, vous avez laissé les femmes se préoccuper de leur propre sort, ce que les hommes de tous les pays civilisés ont fait. Et c'est ce que nous, femmes d'Angleterre, sommes précisément en train de faire. Pour nous, la vie humaine est sacrée, mais si une vie doit être sacrifiée, alors ce sera la nôtre. Nous ne le ferons pas de notre propre chef, mais nous mettrons l'ennemi dans une position telle qu'il devra choisir entre nous donner la liberté ou nous donner la mort.

Alors, me voici. Je suis là entre deux séjours en prison. Je suis là après avoir été, au nom de la « loi du chat et de la souris », quatre fois en prison et y retournerai probablement dès que j'aurai foulé le sol britannique. Je suis là pour vous demander de l'aide pour remporter le combat. Si nous remportons ce combat, le plus difficile d'entre tous, je ne doute pas qu'à l'avenir il sera bien plus aisé pour les femmes du monde entier de remporter leur propre combat quand le moment viendra. »

ARTS MARTIAUX ET ATTAQUE D'UN TABLEAU

Le 18 novembre 1910, lors d'une marche organisée par les suffragettes britanniques, une centaine de femmes furent arrêtées et deux d'entre elles trouvèrent la mort, victimes de violence policière. Elles décidèrent alors de s'initier aux arts martiaux ! Edith Garrud ouvrit un cours spécialement destiné aux membres de la WSPU pour leur apprendre le jiu-jitsu, un art martial japonais pratiqué par les samouraïs. Elle forma également trente gardes du corps féminins, le Bodyguard, destinées à protéger Emmeline Pankhurst. Cette escorte peu ordinaire fit sensation en 1914 lors d'un meeting à Glasgow, quand elle affronta une cinquantaine de policiers sur la scène où la meneuse prononçait un discours... La presse ne manqua pas de se moquer de ces vaillantes « amazones » et les surnomma les « Suffrajitsu ». Cette même année 1914, la Canadienne Mary Richardson pénétra dans la National Gallery de Londres et attaqua au hachoir La Vénus au miroir, chef-d'œuvre de Vélasquez. Arrêtée par les gardiens, elle clama : « *Je suis une suffragette. On peut remplacer des tableaux, mais pas des humains. Ils sont en train de tuer Mrs Pankhurst !* » La jeune femme s'insurgeait contre l'emprisonnement de la plus célèbre des suffragettes qui multipliait les grèves de la faim.

LA PLUS ACHARNÉE **DES SUFFRAGETTES**

Emmeline Pankhurst prétendait ressentir une affinité avec les Françaises révolutionnaires, puisqu'elle est née le 14 juillet 1858, alors qu'en réalité son anniversaire est le 15 ! Elle est élevée par des parents très politisés, déjà favorables au droit de vote des femmes. Avec l'avocat Richard Pankhurst, qu'elle épouse en 1878, Emmeline commence à militer pour le suffrage féminin. Le couple fonde en 1889 une première association qui recommande le droit de vote des femmes mariées aux élections locales. Très impliquée dans la vie politique, Emmeline Pankhurst tente d'entrer au parti travailliste, non sans difficultés puisqu'elle est une femme. C'est en 1903 que, désormais veuve, elle crée l'Union sociale et politique des femmes (WSPU), à laquelle se joignent ses trois filles, tout aussi volontaires que leur mère. Figure de proue du mouvement des suffragettes, elle ne fait cependant pas l'unanimité auprès de l'opinion publique, ni même des suffragistes pacifiques, telle Millicent Fawcett qui lui reproche de s'écarter de la légalité. Au fil des années, pour attirer l'attention de la presse, Pankhurst prône des actions de plus en plus provocantes : ses suffragettes coupent les fils des télégraphes, s'enchaînent à des lampadaires, provoquent des incendies et font la grève de la faim quand elles sont en prison… Emmeline Pankhurst est arrêtée à de nombreuses reprises de 1908 à 1915. À cette date, elle interrompt son activité militante pour inciter les femmes à soutenir l'effort de guerre et met toute son énergie dans ses discours. C'est une excellente stratégie : elle reçoit du parti conservateur la promesse que le droit de vote sera accordé aux femmes à la fin de la guerre. En 1918, les femmes britanniques de plus de 30 ans obtiennent en effet le droit de vote, avec certaines restrictions. Cependant, lorsque Nancy Astor, la première femme à siéger au Parlement, propose de lui céder sa place, en hommage à tout ce qu'elle a accompli pour les femmes, Emmeline Pankhurst refuse.

Elle meurt en 1928 ; un mois plus tard, le suffrage est étendu aux femmes âgées de 21 ans.

En 1999, le magazine *Time* présente Emmeline Pankhurst comme l'une des cent personnalités les plus importantes du XXe siècle : « *Elle a ébranlé la société en l'engageant dans un nouveau chemin qu'elle ne pourrait jamais rebrousser.* »

ROSA LUXEMBURG

– LE PACIFISME –

En 1871, la guerre franco-prussienne se solda par une victoire germanique et les princes allemands s'unirent pour proclamer Guillaume Ier de Prusse empereur. Une période d'industrialisation massive fit de l'empire allemand l'une des plus grandes puissances économiques. L'exode rural gonfla la population urbaine et les ouvriers constituèrent bientôt la majorité de la population. Cette classe prolétarienne prit conscience de sa condition et de sa capacité à la transformer en se rassemblant autour du parti social-démocrate. En 1914, le SPD comptait un million d'adhérents : il représentait une société dans la société, avec ses syndicats, ses clubs de sport, ses universités populaires, ses revues et journaux, etc. C'était le parti révolutionnaire le plus influent en Europe et Rosa Luxemburg en était devenue une figure emblématique et controversée.

Comme Louise Michel et d'autres femmes engagées qui se sont retrouvées sur le banc de l'accusée, Rosa Luxemburg maîtrisait l'art de transformer le prétoire en tribune. Elle se livre à ce jeu avec une malicieuse habileté lors de son procès à Francfort le 20 février 1914, ce qui a le don d'agacer le président du tribunal qui s'exclame : « Nous ne sommes pas ici pour écouter un discours. » Mais la

militante sociale-démocrate, brillante théoricienne, a déjà pris le temps d'exposer les positions de son parti : rejet du militarisme, de l'impérialisme et du capitalisme, défense du socialisme internationaliste et ambition d'une démocratie ouvrière. S'adressant directement au procureur « prussien » – c'est-à-dire impérialiste – dont, avec un humour caustique, elle n'hésite pas à mettre en doute l'intelligence, elle va expliquer le programme socialiste par le menu. Elle éclaire ce qu'est la « grève de masse », une stratégie de défense des travailleurs contre les exploiteurs et un moyen de transformer la Prusse en une république démocratique. Elle insiste sur la nécessité d'une éducation politique, car la révolution ne peut s'accomplir que si les « masses » sont « conscientisées ». Elle affirme ainsi sa confiance en la « spontanéité » du peuple éduqué qui saura s'organiser pour prendre son destin en main. Quant à la guerre, elle ne peut se faire qu'avec l'accord des prolétaires – d'où l'idée d'une « milice » –, car ceux qui déclarent la guerre ne sont pas ceux qui la font : « *Les dividendes grimpent et les prolétaires tombent !* », scanderont les opposants à la guerre quelques années plus tard. C'est cette position antimilitariste qui a conduit Rosa Luxemburg devant le tribunal et, plus précisément, une phrase prononcée lors d'un discours un an plus tôt : « *Si on attend de nous que nous brandissions nos armes contre nos frères de France ou d'ailleurs, alors nous nous écrions : "Nous ne le ferons pas !"* » Elle est accusée d'« insubordination » et d'« incitation à la désobéissance civile et à la mutinerie en cas de guerre ». À l'issue du procès, elle sera condamnée à un an de prison.

DISCOURS DEVANT LE TRIBUNAL DE FRANCFORT, ALLEMAGNE **20 FÉVRIER 1914**

« Sur le plan juridique, mes défenseurs ont suffisamment montré le néant de l'acte d'accusation en ce qui concerne les faits qui me sont reprochés. Je voudrais par conséquent éclairer un autre aspect de l'accusation. Aussi bien dans les interventions de M. le procureur que dans l'acte d'accusation lui-même, ce qui prend grande importance ce ne sont pas seulement les déclarations qu'on m'impute mais, plus encore, l'interprétation qu'on en propose et la tendance que mes paroles recèleraient. À plusieurs reprises et avec beaucoup d'insistance, M. le procureur a souligné ce que, d'après lui, je savais et voulais, lorsque dans ces meetings je prononçais les paroles incriminées. Or, pour aborder cet aspect psychologique de mon discours, s'agissant de ma conscience, personne n'est sans doute plus compétent que moi, personne n'est mieux que moi en situation de fournir des éclaircissements exhaustifs.

[…] En écoutant avec attention les déclarations du procureur, je n'ai pu m'empêcher de rire

intérieurement. Je me disais : voici encore un exemple classique prouvant qu'il ne s'agit pas de posséder une culture formelle pour saisir dans leur subtilité scientifique et leur profondeur historique les modes de pensée sociaux-démocrates, pour comprendre nos idées dans toute leur complexité, dès lors que fait obstacle à cette intelligence l'appartenance à une classe sociale donnée. Si, messieurs les juges, de tous les gens présents aux réunions que je tenais, vous aviez interrogé l'ouvrier le plus frustre, il vous eût donné une tout autre image, une tout autre impression de ce que j'ai dit. Oui, les hommes et les femmes les plus simples du peuple travailleur sont sans doute en mesure de comprendre nos idées qui, dans le cerveau d'un procureur prussien, se reflètent comme dans un miroir déformant. Je voudrais démontrer maintenant ce que je viens de dire en examinant quelques points précis.

M. le procureur a répété à plusieurs reprises que, même avant d'avoir prononcé les paroles qui me sont imputées à crime et qui auraient constitué l'apogée de mon discours, j'avais déchaîné la « haine » de mes auditeurs. Je déclare à ce propos : monsieur le procureur, nous autres sociaux-démocrates, nous ne déchaînons jamais la haine. Que signifie en effet « déchaîner la haine » ? Ai-je donc essayé d'inculquer à mes auditeurs le mot d'ordre suivant : « Si jamais, vous autres Allemands, vous vous trouvez, au cours d'une guerre, en pays ennemi, en Chine par exemple, alors conduisez-vous de telle sorte que d'un siècle un Chinois n'ose regarder un Allemand de travers » ? Ah ! si j'avais parlé ainsi, alors il y aurait eu effectivement incitation à la haine. Ou bien ai-je essayé d'exciter dans les masses venues m'écouter l'arrogance nationaliste, le chauvinisme, le mépris et la haine d'autres races et d'autres peuples ? Si tel était le cas, il y aurait eu effectivement incitation à la haine.

Mais je n'ai pas tenu de tels propos et aucun social-démocrate éduqué ne tient de tels propos. Ce que j'ai fait dans ce meeting de Francfort et ce que nous faisons toujours, nous autres sociaux-démocrates, par nos paroles et nos écrits, c'est informer, faire prendre conscience aux masses laborieuses de leurs intérêts de classe et de leurs tâches historiques, leur montrer les grandes lignes du développement historique, la tendance des bouleversements économiques, politiques et sociaux qui s'accomplissent au sein de la société actuelle [...]. C'est de ces points de vue élevés que nous menons également notre agitation contre la guerre et le militarisme, parce que chez nous, sociaux-démocrates, toutes nos idées s'harmonisent en une conception du monde cohérente, scientifiquement fondée. Et si M. le procureur ainsi que son pitoyable témoin à charge considèrent tout cela comme une simple excitation à la haine, la grossièreté et le simplisme de ce jugement résultent uniquement de l'incapacité du procureur à penser en termes sociaux-démocrates.

En outre, à plusieurs reprises, M. le procureur général a fait allusion à des appels à « assassiner leurs supérieurs » que j'aurais lancés aux soldats. Ces appels camouflés à abattre les officiers (mais, selon lui, parfaitement intelligibles pour tous) dévoileraient tout particulièrement la noirceur de mon âme et la nocivité de mes intentions. Eh bien, je vous demande de tenir pour exactes, ne fût-ce qu'un bref instant, les déclarations qu'on m'a prêtées ; réfléchissez un peu : vous serez obligés de convenir que le procureur, dans le louable dessein de me dépeindre sous les couleurs les plus noires, s'est, dans ce cas, complètement fourvoyé. Quand aurais-je en effet appelé à l'assassinat ? Et contre quels supérieurs ? L'acte d'accusation lui-même affirme que j'ai préconisé l'introduction en Allemagne du système de la milice [...].

Ce système est le seul moyen de garantir sûrement la défense de la patrie; en effet, ***seul un peuple libre qui part en campagne contre l'ennemi par libre décision constitue un rempart suffisamment sûr pour la liberté et l'indépendance de son pays.*** *C'est alors seulement que l'on pourrait chanter « Chère patrie, tu peux dormir tranquille » ! Et j'ai posé la question : pourquoi les défenseurs officiels de la patrie ne veulent-ils pas entendre parler de ce système de défense, le seul efficace ? Simplement parce que ce qui leur importe au premier chef, ce n'est pas la défense de la patrie, ce sont des guerres impérialistes, des guerres de conquête, pour lesquelles il est vrai la milice ne vaut rien. Et puis les classes dominantes craignent sans doute de mettre les armes dans les mains du peuple laborieux, parce que les exploiteurs ont mauvaise conscience et qu'ils ont peur que le coup de feu, un jour, ne parte* *dans une direction qui ne plairait pas aux maîtres en place.*

[...] Mais j'en viens au point essentiel de l'accusation. Voici le grief principal du procureur : j'aurais, dans les déclarations incriminées, appelé les soldats, en cas de guerre, à ne pas tirer sur l'ennemi. Il aboutit à ce résultat par une déduction qui lui paraît d'une logique contraignante. Voici le raisonnement : étant donné que je faisais de l'agitation contre le militarisme, étant donné que je voulais empêcher la guerre, je ne pouvais manifestement choisir d'autre voie, je ne pouvais envisager d'autre moyen efficace que cet appel direct aux soldats : si on vous donne l'ordre de tirer, ne tirez pas. N'est-ce pas, messieurs les juges, une belle conclusion, d'une concision convaincante, d'une logique irrésistible ! Permettez-moi pourtant de vous le déclarer : cette logique et cette conclusion résultent des conceptions de M. le procureur, non des miennes, non des idées de la social-démocratie. Ici je sollicite tout particulièrement votre attention. Je dis : la conclusion selon laquelle le seul moyen efficace d'empêcher la guerre consisterait à s'adresser directement aux soldats et à les appeler à ne pas tirer, cette conclusion n'est que l'envers de la conception selon laquelle tout est pour le mieux dans l'État, aussi longtemps que le soldat obéit aux ordres de ses supérieurs, selon laquelle, pour dire les choses brièvement, le fondement de la puissance de l'État et du militarisme, c'est l'obéissance passive, l'obéissance absolue du soldat. [...] Eh bien, nous autres sociaux-démocrates,

nous ne partageons pas cette façon de voir. Nous pensons au contraire que ce ne sont pas seulement l'armée, les « ordres » d'en haut et l'« obéissance » aveugle d'en bas qui décident du déclenchement et de l'issue des guerres, mais que c'est la grande masse du peuple travailleur qui décide et qui doit en décider. […] Selon la conception du procureur, c'est l'armée qui fait la guerre ; selon notre conception, c'est le peuple tout entier. C'est à lui de décider de la guerre et de la paix. La question de l'existence ou de la suppression du militarisme actuel, c'est la masse des hommes et des femmes travailleurs, des jeunes et des vieux, qui peut la trancher et non pas cette petite portion du peuple qui s'abrite, comme on dit, dans les basques du roi.

[…] Mais j'ai bien d'autres preuves que telle est bien notre conception de l'agitation à propos des questions militaires. Je ne puis d'ailleurs m'empêcher d'exprimer ma surprise. M. le procureur se donne le plus grand mal pour triturer mes paroles en vue d'en extraire, par des interprétations, des suppositions, des déductions arbitraires, la manière dont j'aurais l'intention de lutter contre la guerre. Or il dispose sur ce sujet de preuves à foison. C'est que notre propagande antimilitariste nous ne la développons pas dans l'ombre, dans le secret, non, nous le faisons dans la lumière éclatante des réunions publiques. Depuis des dizaines d'années, la lutte contre le militarisme constitue un des points essentiels de notre agitation. Déjà à l'époque de la Ire Internationale, elle a fait l'objet de discussions et de résolutions dans tous les congrès internationaux ou presque, ainsi que

dans les congrès du parti allemand. M. le procureur n'aura eu qu'à puiser dans l'activité de toute une génération, et, où qu'il eût plongé la main, il eût fait des prises intéressantes.

[…] En 1868, le congrès de Bruxelles de l'Internationale propose déjà des mesures pratiques en vue d'empêcher la guerre. En particulier, on lit la résolution :

[…] « Il invite toutes les sections de l'Association, dans leurs pays respectifs, ainsi que toutes les sociétés ouvrières et tous les groupes d'ouvriers quels qu'ils soient, à agir avec la plus grande ardeur pour empêcher une guerre de peuple à peuple, qui aujourd'hui, ne pourrait être considérée que comme une guerre civile parce que, mettant aux prises des producteurs, elle ne serait qu'une lutte entre frères et citoyens.

Le congrès recommande surtout aux travailleurs de cesser tout travail dans le cas où une guerre viendrait à éclater dans leurs pays respectifs. »

[…] Et maintenant, je vous pose une question : trouvez-vous, Messieurs, dans toutes ces résolutions la moindre invitation à nous placer devant les soldats et à leur crier : ne tirez pas ! Et pourquoi ne l'y trouvez-vous pas ? Serait-ce parce que nous craignons les conséquences de pareille agitation, que nous avons peur d'un paragraphe du code pénal ? Ah, nous serions de bien tristes sires si la peur des conséquences nous retenait de faire ce que nous avons reconnu nécessaire et salutaire. Non, si nous ne le faisons pas c'est que nous nous disons : ceux qui portent, comme on dit, la livrée du roi, sont une partie du peuple

travailleur et s'ils comprennent que les guerres sont un phénomène condamnable et contraire aux intérêts du peuple, alors les soldats, sans que nous les y invitions, saurons bien d'eux-mêmes ce qu'ils ont à faire le cas échéant.

Vous le voyez, Messieurs, l'agitation que nous menons contre le militarisme n'est pas aussi pauvre et aussi simpliste que se l'imagine le procureur. Nous avons tant de moyens d'action et si divers : éducation de la jeunesse, et nous la pratiquons avec zèle et avec un succès durable en dépit de tous les obstacles que l'on dresse sur notre chemin ; propagande en faveur du système de la milice ; rassemblements de masse ; manifestations de rue... […]

Je vais conclure. Je voudrais faire une dernière remarque.

Dans son exposé, M. le Procureur, a consacré une attention toute particulière à ma modeste personne. Il m'a décrite comme constituant un grand péril pour la sécurité de l'État, il n'a même pas hésité à s'abaisser au niveau d'une feuille de bas étage, le Kladderadatsch, en m'appelant « Rosa la Rouge ». Qui plus est, il a même osé mettre en cause mon honneur personnel, en insinuant que je risquais de m'enfuir dans le cas où le tribunal donnerait suite à sa demande de peine.

Monsieur le Procureur, je dédaigne de répondre aux attaques dirigées contre ma personne mais je tiens à vous dire une chose : vous ne connaissez pas la social-démocratie !

[Interruption du président : « Nous ne sommes pas ici pour écouter un discours. »*]*

Dans la seule année 1913, beaucoup de vos collègues ont travaillé à la sueur de leur front à faire condamner notre presse à soixante mois de prison au total.

Auriez-vous par hasard entendu dire qu'un seul de ces pauvres pécheurs ait pris la fuite pour échapper à une condamnation ? Croyez-vous que cette pluie de condamnations ait fait vaciller un seul social-démocrate dans l'accomplissement de son devoir ou l'ait ébranlé ? Ah, non Messieurs, notre œuvre se moque bien du réseau dense de tous vos paragraphes juridiques, elle grandit et prospère en dépit de tous les procureurs du monde.

Un mot pour finir sur l'attaque inqualifiable qui retombe sur celui qui l'a lancée.

Le procureur a dit littéralement, je l'ai noté, qu'il demandait mon arrestation immédiate, car il était inconcevable que la prévenue ne prît pas la fuite. C'est dire en d'autres termes : si moi, procureur, j'avais à purger un an de prison, je prendrais la fuite. Monsieur le Procureur, je veux bien vous croire, vous, vous fuiriez. Un social-démocrate, lui, ne s'enfuit pas. Il répond de ses actes et se rit de vos condamnations. Et maintenant condamnez-moi ! »

« ROSA LA ROUGE »
UNE INTELLECTUELLE SUR LE TERRAIN

Née quelques jours avant que n'éclate la Commune de Paris, Rosa Luxemburg s'est intéressée à la politique dès le lycée. Issue d'un milieu petit-bourgeois polonais, elle défendra toujours le peuple. Membre d'un cercle socialiste révolutionnaire clandestin, elle est forcée de s'enfuir en Suisse. Elle y obtient un doctorat en économie politique – ce qui est rare pour une femme à l'époque – et elle poursuit ses activités militantes aux côtés d'autres exilés russes et allemands. Lors du congrès socialiste de Londres de 1896, elle se distingue en affirmant avec véhémence sa conception internationaliste de la lutte politique. Pour elle, la libération sociale du prolétariat prime sur les révolutions nationales. C'est pourquoi elle souhaite rejoindre le SPD qu'elle conçoit comme le « parti-guide » de l'Internationale, la grande association ouvrière : en 1898, elle n'hésite pas à contracter un mariage blanc pour devenir allemande.

Excellente théoricienne du marxisme et du socialisme, elle ne cesse jamais d'écrire et d'enseigner, mais elle se considère comme un « soldat » qui exerce le « métier de combattant prolétarien de la liberté ». Lors de la Révolution russe de 1905, première grande explosion sociale depuis la Commune de Paris, elle se précipite à Varsovie pour y participer, ce qui lui vaut d'être emprisonnée et expatriée. Elle commence à être marginalisée au sein du SPD, car elle s'oppose à toute participation du parti au gouvernement. C'est en prison qu'elle apprend la nouvelle de la Révolution russe de 1917 : « *Les magnifiques événements de Russie ont sur moi l'effet d'un élixir de vie.* »

Mais elle s'oppose à un pouvoir qui s'établit dans le sang et règne par la terreur : « *La liberté, c'est toujours au moins la liberté de celui qui pense autrement* », clame-t-elle à l'encontre de Lénine. Elle s'oppose avec toute son énergie à la Première Guerre mondiale, pendant laquelle elle est sans cesse emprisonnée. Elle est exclue du SPD pour refuser tout compromis avec le pouvoir en place et fonde en 1915 le groupe d'opposition Spartakus qui participe ensuite à la création du Parti communiste d'Allemagne. Le 5 janvier 1919, alors que la guerre est finie, que l'empereur a abdiqué, que la révolution ouvrière gronde, que l'Allemagne est devenue la république de Weimar et que certains de ses anciens camarades socialistes font désormais partie du gouvernement, Rosa Luxembourg est sauvagement assassinée. Elle a 47 ans.

ROSA, L'HUMANISTE « VIVE ROSA, VIVE LA PAIX ! »

« *Je me sens chez moi dans le monde entier, partout où il y a des nuages, des oiseaux et les larmes des hommes* », écrivait Rosa Luxemburg, confiante dans la nature, la vie, les humains. En 1916, alors qu'elle sortait de prison, des femmes l'acclamèrent : « *Vive Rosa, vive la paix !* » Rosa Luxemburg ne s'est jamais départie de son courage et de son audace à une époque où il était extrêmement difficile pour une femme de s'imposer en politique. Outre le fait d'être femme, elle était juive et émigrée, ce qui lui valut d'être victime de discrimination tout au long de sa vie. Les sociétés polonaise et allemande étaient alors antisémites et férocement sexistes. Les ennemis politiques de Rosa Luxemburg, agacés par son brillant intellect, la qualifiaient d'« oie doctrinaire », ou encore, à court d'arguments, de « bonne femme querelleuse et hystérique »... Au sein même de son parti, certains la trouvaient « trop femme » ! Cependant, Rosa Luxemburg n'a jamais défendu le féminisme en tant que tel. Pour elle, œuvrer pour l'égalité des femmes ne s'entendait que dans le cadre d'une remise en question globale de tout pouvoir de domination. Il reste que, contemporaine du mouvement des suffragettes, elle se réjouissait de la prise de conscience des femmes de leur privation de droits politiques : c'était le signe que les bases sociales du système dominant étaient minées.

DOLORÈS IBÁRRURI

– L'ANTIFASCISME –

En 1931, les antimonarchistes remportent les élections en Espagne : le roi part en exil et la Seconde République est proclamée. Le pays connaît une période de grande instabilité et de violence à cause de la crise économique et de la montée du fascisme qui touchent toute l'Europe. Les insurrections populaires se multiplient, tandis que militants et militaires républicains se font assassiner par des opposants fascistes. Socialistes et anarchistes lancent des appels à la grève générale. En octobre 1934, dans la province des Asturies, un soulèvement d'ouvriers socialistes – surnommé « la Commune espagnole » – est réprimé dans le sang par les troupes du général Franco. Le Comité national des femmes contre la guerre et le fascisme, mené par une certaine Dolorès Ibárruri, prendra en charge la destinée des centaines d'orphelins qui y ont perdu leurs parents. Dans la presse internationale, paraît alors la photographie de l'héroïque « Dame en noir »... Le 16 février 1936, lorsque les partis de gauche unis dans un Front populaire remportent les élections, cette même Dolorès Ibárruri est élue députée dans les Asturies. Elle se précipite à la prison de la province pour faire libérer tous

les prisonniers politiques, socialistes, communistes, anarchistes : ce qui contribue à faire grimper sa popularité. Les violences entre républicains et antirépublicains s'intensifient, les partisans de la monarchie et du fascisme préparent un coup d'État. Le 18 juillet 1936, le général Franco prend la tête de la rébellion et lance une offensive à Madrid pour renverser le gouvernement de gauche. Dès le 19 juillet, du haut du balcon du ministère de l'Intérieur, Dolorès Ibárruri prononce un discours radiodiffusé : elle appelle le peuple espagnol, hommes et femmes, à prendre les armes contre les « nationalistes », fascistes et monarchistes. Ses propos pleins de fougue vont souffler son auditoire : elle évoque la révolte des Asturies dont la mémoire est vive, dénonce la répression dont se sont montrés coupables les partisans de Franco, persuadée de la nécessité du sacrifice de tous pour sauver la cause républicaine. Le lendemain, la presse madrilène titre : « Quelle femme ! » Dolorès Ibárruri a 41 ans et va bientôt être désignée vice-présidente des Cortes, le parlement espagnol. Tandis qu'elle entame une longue carrière politique, son pays s'engage dans la guerre civile.

« *Ici Radio-Union, depuis Madrid, au siège du ministère de l'Intérieur. Dolorès Ibárruri vous parle* », annonce le speaker avant de laisser la parole à celle qui est en passe de devenir une icône populaire, un symbole de la rébellion républicaine.

DISCOURS AU MINISTÈRE DE L'INTÉRIEUR À MADRID, ESPAGNE
19 JUILLET 1936

« Ouvriers ! Paysans ! Anti-fascistes ! Espagnols patriotes ! Face au soulèvement militaire fasciste, tout le monde debout pour défendre la République ! Pour défendre les libertés populaires et les conquêtes démocratiques du peuple !

Grâce aux communiqués du gouvernement et du Front populaire, le peuple a conscience de la gravité du moment actuel. Au Maroc et aux Canaries, les travailleurs luttent aux côtés des forces restées loyales à la République, contre les militaires et les fascistes insurgés.

Au cri « Le fascisme ne passera pas, les bourreaux d'octobre ne passeront pas », les ouvriers et paysans des diverses provinces d'Espagne rejoignent la lutte contre les ennemis de la République qui se dressent armés.

Les communistes, les socialistes et anarchistes, les républicains démocrates, les soldats et les forces fidèles à la République ont infligé leurs premières déroutes aux factieux qui traînent dans la boue de la trahison l'honneur militaire dont ils se sont si souvent glorifié.

Tout le pays vibre d'indignation devant ces individus sans âme qui souhaitent plonger l'Espagne démocratique et populaire dans un enfer de terreur et de mort.

Mais ils ne passeront pas !

L'Espagne entière se prépare au combat. À Madrid, le peuple est dans la rue. Fort de sa détermination et de son esprit de lutte, il soutient et encourage le gouvernement, pour que soient définitivement écrasés les militaires et fascistes insurgés.

Jeunes gens, préparez-vous au combat !

Femmes, héroïques femmes du peuple ! Rappelez-vous l'héroïsme des femmes des Asturies en 1934; luttez, vous aussi, aux côtés des hommes pour défendre la vie et la liberté de vos enfants que le fascisme menace !

Soldats, fils du peuple ! Restez fidèles au gouvernement de la République, luttez aux côtés des travailleurs, aux côtés des forces du Front populaire, ensemble avec vos parents, vos frères et vos camarades ! Luttez pour l'Espagne du 16 février, luttez pour la République, aidez-les à triompher !

Travailleurs de toutes tendances ! Le gouvernement met les armes dans nos mains, pour que nous sauvions l'Espagne et le peuple de l'horreur et de la honte que représenterait la victoire des bourreaux d'octobre couverts de sang.

Que personne n'hésite ! Soyons tous prêts pour l'action. Chaque ouvrier, chaque antifasciste doit se considérer comme un soldat en armes.

Peuples de Catalogne, du Pays basque et de Galicie ! Espagnols de partout ! Allons défendre la République démocratique, consolidons la victoire obtenue par le peuple le 16 février.

Le Parti communiste vous appelle à la lutte.

Il vous appelle spécialement, vous, ouvriers, paysans, intellectuels, à prendre votre poste dans le combat pour écraser définitivement les ennemis de la République et des libertés populaires.

Vive le Front populaire !

Vive l'union de tous les antifascistes !

Vive la République du peuple !

Les fascistes ne passeront pas ! No pasarán ! »

NO PASARÁN, SLOGAN INDÉMODABLE

Lorsque, le 19 juillet 1936, Dolorès Ibárruri quitte le ministère de l'Intérieur à l'issue de son discours, dans les rues des groupes scandent déjà sur son passage : « *No pasarán !* » (« Ils ne passeront pas ! ») sera le cri de ralliement des républicains contre les nationalistes tout au long de la guerre d'Espagne. La phrase s'est immédiatement muée en slogan. Ce sera le titre évident de la biographie de Dolorès Ibárruri, parue en 1966, alors qu'elle vivait en exil en Union soviétique.

Cette phrase aurait été prononcée par le général Robert Nivelle pendant la Première Guerre mondiale, tandis que les Français affrontaient les Allemands à Verdun, en 1916.

Mais c'est comme symbole antifasciste que « *No pasarán !* » est repris dans le monde entier depuis des décennies. Il apparaît toujours sur les banderoles des manifestations qui défendent la démocratie, ou sur le T-shirt de contestataires revendiqués. En 2012, lors du procès du groupe russe punk rock Pussy Riot, l'une des jeunes musiciennes arborait ainsi le slogan sur sa poitrine.

« LA PASIONARIA »
INFATIGABLE MATER DOLOROSA

Dolorès Ibárruri est née dans une famille de mineurs, près de Bilbao, dans le pays basque espagnol. Faute de moyens, elle ne peut poursuivre des études et être institutrice comme elle le souhaite. À l'âge de 15 ans, elle travaille dans un atelier de couture, puis devient femme de ménage. En 1916, à 21 ans, elle se marie avec Julián Ruiz, mineur et fervent militant socialiste. L'année suivante, la Révolution russe suscite un mouvement de grève générale partout en Europe. Le mari de Dolorès est arrêté pour y avoir participé et ne cesse d'être emprisonné à cause de ses activités militantes tout au long des années 1920. Dolorès et lui ont six enfants, dont quatre meurent en bas âge. Ce qui contribuera à construire une image de la jeune militante en mater dolorosa, à jamais vêtue de noir… « *Je suis devenue socialiste à force de côtoyer l'injustice, la misère* », affirme Dolorès Ibárruri qui milite aux Jeunesses socialistes, lit les grands théoriciens du socialisme, tel Karl Marx, et commence à écrire dans des revues ouvrières engagées. En 1918, elle choisit un pseudonyme pour un article paru la Semaine sainte – commémoration de la Passion du Christ : elle signe « Pasionaria ». Le personnage n'est pas encore mythique, mais il porte déjà un nom chargé de symboles…

En 1920, la carrière politique de la Pasionaria s'engage pleinement : elle participe à la fondation du Parti communiste espagnol (PCE), y joue un rôle prépondérant et, dix ans plus tard, est élue au Comité central du PCE. En 1931, elle se sépare de son mari, s'installe à Madrid et prend la direction du journal du parti, *Mundo Obrero* (Monde ouvrier). Surveillée de près par la police, elle est emprisonnée à plusieurs reprises. En 1933, on l'envoie à Moscou comme déléguée du Komintern, l'Internationale communiste. À son retour, elle organise le Comité national des femmes contre la guerre et le fascisme. En 1936, lorsque le Front populaire remporte les élections, elle est élue députée des Asturies, juste avant que la guerre d'Espagne n'éclate. Dolorès fait montre d'une incomparable énergie pendant cette guerre civile : en septembre, elle se rend en France pour tenter de convaincre Léon Blum d'intervenir et de fournir des armes aux républicains espagnols, sans succès. Elle harangue les soldats dans les casernes de Madrid, mobilise les travailleurs dans les usines, anime des réunions publiques où des milliers de personnes viennent l'écouter. En novembre 1936, Ibárruri accueille les volontaires des Brigades internationales, tandis que Franco reçoit l'aide d'Hitler et de Mussolini qui utilisent l'Espagne comme terrain d'entraînement de la guerre mondiale à venir… Elle devient l'ennemi numéro un des Franquistes :

« Ce n'est pas une femme, c'est un fauve. » Ses actions et ses discours vont lui assurer une grande popularité dans le milieu communiste international et parmi les républicains et républicaines.

Mais, le 1er avril 1939, au bout de trois années de combats sanglants, les fascistes renversent le gouvernement républicain et le général Franco s'installe à la tête d'un régime dictatorial. La chasse aux communistes ne tarde pas à faire rage et Dolorès Ibárruri doit s'exiler en Union soviétique, où elle poursuit ses activités politiques. Dans la cour des casernes de Moscou, elle encourage encore les exilés espagnols : *« Aujourd'hui comme hier, vous vous trouvez les armes à la main contre le fascisme. Je suis persuadée que vous vous battrez avec honneur aux côtés du peuple soviétique contre l'hitlérisme et pour l'indépendance de l'Espagne. »* Des voix lui répondent : *« No pasarán ! »* En 1942, elle devient secrétaire générale du Parti communiste d'Espagne et, cette même année, elle perd son fils lors de la bataille de Stalingrad. Le 8 mai 1945, Dolorès est à Paris pour fêter la victoire sur le fascisme. Mais en 1950, le gouvernement français interdit les activités du PCE dont les membres sont obligés de redevenir clandestins. Dolorès Ibárruri poursuit sa vie en Union soviétique et s'adresse chaque jour à son pays sur Radio-Espagne. En 1960, elle est nommée présidente du Parti communiste espagnol et le restera jusqu'à sa mort, en 1989. Lorsqu'elle revient en Espagne à la mort de

Franco en 1975, après plus de trente années d'exil, « Dolorès à Madrid » s'inscrit dans les rues de la capitale.

DES DISCOURS QUI ONT BÂTI UNE ICÔNE

Dolorès Ibárruri a confié qu'elle avait toujours eu un trac fou en montant à la tribune, ce qui ne l'a pas empêchée de faire mouche à chaque discours. En 1936, elle prononçait devant les Cortes un pamphlet contre la droite au cours duquel elle n'a pas hésité à menacer de mort le député monarchiste José Calvo Sotela : « *Cet homme a parlé pour la dernière fois.* » De fait, peu de temps après, l'homme politique a été assassiné par un militant socialiste, ce qui a contribué à précipiter les événements qui ont mené à la guerre d'Espagne.

En septembre 1936, à Paris, la Pasionaria ne parvient pas à convaincre Léon Blum d'aider les républicains espagnols, mais elle prononce un discours au Vélodrome d'hiver dont une formule restera célèbre : « *Le peuple espagnol préfère mourir debout que vivre à genoux.* » La réponse des sympathisants français fleurit sur les murs des villes et des villages : « *Des canons et des avions pour l'Espagne.* »

Le 15 novembre 1938, c'est elle qui rend hommage aux soldats volontaires des Brigades internationales qui quittent l'Espagne avec un discours vibrant d'émotion : « *Pour la première fois dans l'histoire des luttes des peuples un spectacle a été donné, étonnant par sa grandeur, de la formation des Brigades internationales, pour aider à sauver la liberté et l'indépendance d'un pays menacé. Notre Espagne. Communistes, socialistes, anarchistes, républicains, hommes de couleur différente, d'idéologie différente, de religions opposées, mais aimant tous profondément la liberté et la justice, sont venus nous offrir leur aide, inconditionnellement. Ils nous offraient tout, leur jeunesse ou leur maturité; leur science ou leur expérience; leur sang et leur vie; leurs espoirs et leurs souhaits.* »

La force de ces discours, immanquablement, aura contribué à faire entrer Dolorès Ibárruri dans la mémoire collective.

EVA PERÓN

– LE DROIT DE VOTE –

En 1943, Juan Domingo Perón participe au coup d'État militaire et entre au gouvernement : il obtient le ministère du Travail, puis celui de la Guerre. Le 24 février 1946, Perón est finalement élu à la présidence de la République argentine. Grâce à une efficace propagande, il devient rapidement très populaire auprès du prolétariat urbain. Pendant la Seconde Guerre mondiale, l'Argentine s'est considérablement enrichie en jouant le rôle de grenier du monde, exportant viandes et céréales aux pays belligérants. C'est ainsi que Perón pourra mettre en œuvre son « justicialisme », une spectaculaire politique d'action sociale : augmentation des salaires, construction de logements sociaux, d'écoles et d'hôpitaux, création de centres sportifs et de colonies de vacances, etc. La popularité de Perón est indissociable de celle de sa femme et lui doit même beaucoup. Depuis la campagne présidentielle, l'ancienne actrice Eva Perón a mis ses immenses talents d'oratrice au service de son mari : ses discours enflammés, à la radio comme à la tribune, galvanisent les foules. Ses activités tous azimuts en faveur des démunis, l'investissement de cette « femme du peuple » dans les luttes sociales sur tous les fronts la consacrent comme une véritable icône.

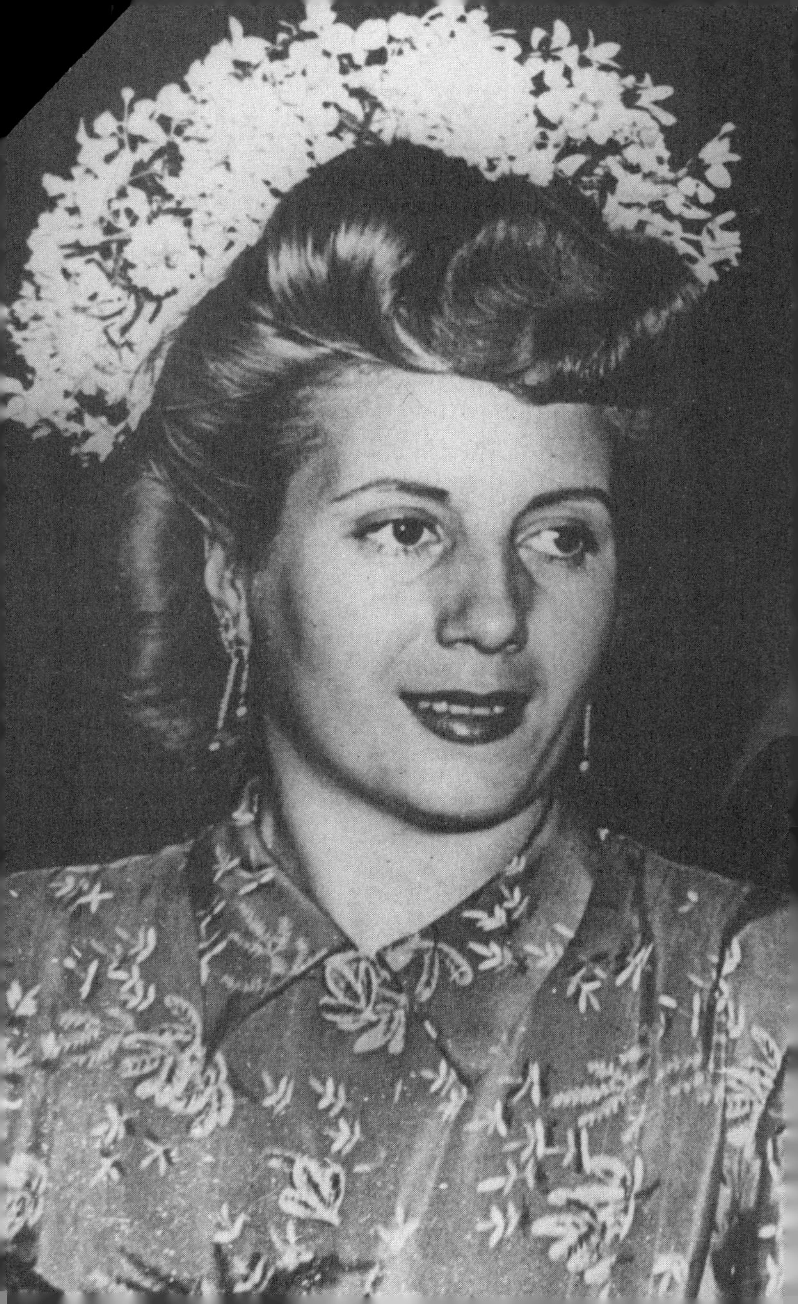

En 1947, elle obtient du gouvernement l'adoption du droit de vote pour les femmes : c'est cette victoire qu'elle célèbre dans un discours adressé à ses compatriotes. Mais d'une part, un message propagandiste à peine dissimulé se dessine en filigrane de cette célébration : Perón vous a donné le droit de vote, alors utilisez-le pour voter Perón ! D'autre part, la première dame s'abstient totalement de rendre hommage aux femmes qui, depuis des décennies, se battent pour l'obtention de ces mêmes droits et ont contribué à leur obtention. On comprend que les associations féministes, socialistes et indépendantes n'aient pas célébré l'obtention de la loi et se soient déclarées foncièrement antipéronistes…

Il reste que les femmes argentines qui ont voté pour la première fois en 1951 l'ont fait en grande majorité pour le péronisme. En même temps, leur droit à l'éligibilité s'est reflété à travers le grand nombre de sièges qu'elles ont commencé à occuper en province comme au niveau national. C'est la figure tutélaire d'Eva Perón qui, aujourd'hui encore, reste attachée à ces conquêtes.

DISCOURS À BUENOS AIRES, ARGENTINEE

23 SEPTEMBRE 1947

« Femmes de ma patrie,

Je reçois à l'instant même des mains du

gouvernement de la nation la loi qui consacre nos droits civiques. Et je la reçois, devant vous, avec la certitude que je le fais au nom de toutes les femmes argentines, sentant avec jubilation mes mains trembler au contact de ce symbole qui proclame notre victoire.

Voici, mes sœurs, résumée en quelques articles à peine, une longue histoire de lutte, de revers et d'espérances. C'est pourquoi on y retrouve le parfum suffocant de l'indignation, les ombres menaçantes de la défaite, mais aussi la joie du triomphe naissant ! Et ce triomphe, qui traduit la victoire de la femme sur les incompréhensions, les négations et les intérêts réactionnaires soulevés par notre réveil national, a seulement été possible dans le contexte de justice, de reconstruction et d'assainissement de la patrie, qui stimule et inspire le gouvernement du général Perón, guide du peuple argentin.

Mes chères compañeras,

Après une lutte ardente, nous avons atteint l'objectif que nous nous étions fixé. Nous avons dû affronter la calomnie, l'injure, l'infamie. Nos éternels ennemis, ennemis du peuple et de ses revendications, ont utilisé tous les ressorts dont dispose l'oligarchie pour empêcher notre triomphe. Dans une presse au service d'intérêts anti-argentins, on a voulu ignorer cette légion de femmes qui m'accompagnent ; un minuscule secteur du Parlement a essayé de reporter le vote de cette loi. Cette manœuvre a été déjouée grâce à la détermination et à l'attitude courageuse de notre député Eduardo Colom. Depuis les tribunes publiques, les hommes répudiés par le peuple le 24 février ont élevé leur voix de ventriloques, répondant à des ordres étrangers aux intérêts de la patrie. Mais ils n'ont rien pu faire face à la détermination, à la ténacité, à la résolution ferme d'un peuple comme le nôtre qui, le 17 octobre, avec le colonel Perón à sa tête, a tracé son destin historique.

Comme à l'aube de notre indépendance politique, la femme argentine avait son rôle à jouer dans la lutte. Nous avons brisé les vieux préjugés de l'oligarchie en déroute. Nous sommes arrivées, je le répète, à l'objectif que nous nous étions fixé, que nous caressions amoureusement du bout des doigts à longueur de journée. Le chemin a été long et difficile. Mais pour sa gloire, face aux obstacles qui se sont dressés devant elle, la femme n'a pas reculé, en infatigable revendicatrice de ses droits fondamentaux. Au contraire, ces obstacles lui ont servi de stimulation et d'incitation à poursuivre la lutte. Plus ils se multipliaient, plus notre enthousiasme grandissait. Plus importants ont été ces obstacles, plus forte était notre volonté de vaincre. Et jusqu'au bout encore, aux portes mêmes du triomphe, une opposition soi-disant progressiste a tenté de ruser et de porter un dernier coup pour retarder le vote de la loi.

Cette manœuvre contre le peuple, contre la femme, n'a fait qu'accroître notre foi. C'était et c'est la foi mise en Dieu, dans le devenir de la patrie, dans le général Perón et dans nos droits. Nous avons alors arraché le masque de ces faux apôtres, pour mettre un point final à la comédie antidémocratique.

Enfin… bénie soit la lutte à laquelle nous ont obligées l'incompréhension et le mensonge des ennemis de la patrie ! Bénis soient les obstacles avec lesquels ils espéraient nous barrer la route, les dirigeants de cette fausse démocratie, ne défendant que les privilèges oligarchiques et la négation nationale ! Des agents négatifs qui ignorent le peuple, qui méprisent et sabotent son travail, incapables de comprendre ses réserves combatives. Ces mensonges, ces obstacles, cette incompréhension ont enhardi et affermi nos esprits. Et aujourd'hui, victorieuses, nous nous dressons conscientes et émancipées, fortifiées et avec une foi accrue en nos propres forces. Aujourd'hui, nous joignons nos volontés de citoyennes à la volonté nationale de suivre les enseignements de notre guide, le général Perón, qui nous rendent notre dignité et ce que nous avions perdu. Nous marchons avec l'avant-garde du peuple qui construira, par les urnes, le futur de la patrie, aspirant à une nation plus grande, plus prospère, plus heureuse, plus juste, effectivement argentine et appartenant aux Argentins.

J'ai parcouru les vieux pays d'Europe, certains dévastés par la guerre. Là-bas, au contact direct du peuple, j'ai à nouveau reçu une leçon de vie. La leçon exemplaire de la femme dévouée et travailleuse, qui lutte main dans la main avec l'homme pour la reconstruction et pour la paix. Des femmes qui mettent leur volonté, leur capacité et leur ténacité à contribution. Des femmes qui ont forgé des armes pour leurs frères, qui ont combattu à leurs côtés, égales en valeurs et en héroïsme.

Mes chères compañeras, inspirons-nous de leur exemple ! Notre triomphe nous impose un devoir, un haut devoir envers le peuple et la patrie. Le droit de vote, qui nous permet de participer à l'avenir de la nation, fait peser sur nos épaules une lourde responsabilité. C'est la responsabilité d'élire. Ou, plus exactement, de savoir élire, afin que notre coopération pousse la Nation jusqu'aux sommets que lui réserve le destin, balayant sur son passage les vestiges de tout ce qui s'oppose au bonheur du peuple et au bien-être national.

Avec notre triomphe, nous avons accepté cette responsabilité et nous n'y renoncerons pas ! L'expérience de ces dernières années, durant lesquelles la vocation de la nation pour la justice économique, politique et sociale, longtemps réprimée, s'est opposée aux vieux chefs politiques niant les droits du peuple, doit servir d'exemple. Dans ces moments graves, les hommes argentins ont su élire le guide de leur destin et ont identifié en la personne du général Perón tous leurs désirs niés, méprisés et moqués jusque-là par l'oligarchie qui servaient des intérêts étrangers. Pourrions-nous, nous les femmes argentines, faire autre chose que consolider cette conquête historique ? Je dis que non ! Je proclame que non ! Et je jure que non, à toutes les compañeras de ma patrie.

Ce droit de vote que nous avons conquis est un nouvel outil placé entre nos mains. Mais nos mains ne sont pas novices en matière de luttes, de travail et du miracle sans cesse renouvelé de la création.

Nous avons brodé les couleurs de la patrie sur les drapeaux libérateurs d'une moitié de continent ! Nous avons aiguisé les pointes des lances héroïques qui défendaient la souveraineté nationale contre les envahisseurs !

Nous avons fertilisé la terre à la sueur de nos fronts et nous avons honoré usines et ateliers par notre travail. Et nous voterons, en pleine conscience de notre digne condition de femmes, grâce à la majorité civique que nous venons d'acquérir sous le gouvernement de reconstruction de notre chef et guide, le général Perón.

Nous avons, mes sœurs, une haute mission à accomplir dans les années à venir. Lutter pour la paix. Mais la lutte pour la paix est aussi une guerre. Une guerre déclarée et sans quartier contre les privilèges des parasites qui essaient encore de faire commerce de notre patrimoine argentin. Une guerre sans quartier contre ceux qui, dans un passé récent, ont couvert de honte notre nation. Une guerre sans quartier contre ceux qui souhaitent replonger notre peuple dans l'injustice et la servitude. Dans cette bataille pour l'avenir, en toute dignité et justice, la patrie nous indiquera une place que nous comblerons avec honneur. Avec honneur et conscience. Avec dignité et de fierté. Avec notre droit au travail et nos droits civiques.

Nous, les femmes, sommes missionnaires de la paix. Les sacrifices et les luttes n'ont fait jusqu'à présent que démultiplier notre foi.

Nous élevons toutes ensemble cette foi, et nous illuminons avec elle le sentier de notre destin. C'est un grand destin, passionné et heureux. Pour le conquérir et le mériter, nous disposons de trois piliers irréductibles et inébranlables : une confiance illimitée en Dieu et en sa justice infinie, une patrie incomparable à aimer avec passion, et un guide que le destin a forgé pour affronter victorieusement les problèmes de notre époque : le général Perón. Avec lui et avec le droit de vote, nous contribuerons à la perfection de la démocratie argentine. Rien d'autre. »

« MES SANS-CHEMISES BIEN-AIMÉS »

Le 17 octobre 1945, pour répondre à l'appel lancé à la radio par Eva Duarte, la maîtresse du colonel Perón, ouvriers et syndicalistes se rassemblent sur la place de Mai et obtiennent la libération de leur futur président de la République. Nombre des manifestants ayant ôté leur chemise à cause de la chaleur, la presse les surnomme avec condescendance les « descamisados », les « sans-chemises ». Eva Duarte, devenue Eva Perón, s'empare de la formule et la détourne avec une aisance magistrale. Le 17 octobre 1951, pour célébrer l'anniversaire du « jour de la fidélité », elle prononce un discours devant un million d'ouvriers à Buenos Aires qu'elle commence par cette adresse : « *Mes bien-aimés descamicados !* » Le mot ressurgit comme un leitmotiv tout au long du discours qui s'apparente à une déclaration d'amour au peuple, aux ouvriers, aux syndicalistes, aux démunis, aux « sans-chemises ». Par cette provocation, Eva Perón débarrasse le terme de tout caractère péjoratif pour le charger de fierté et de dignité. C'est ainsi qu'il a fait fortune et que les prolétaires argentins se le sont attribué.

« EVITA »
LA MADONE DU PEUPLE

En 1935, alors âgée de 16 ans, Eva Duarte, issue d'un milieu très modeste, s'installe dans la capitale argentine : elle se teint les cheveux en blond platine, rêve de devenir une célèbre actrice à la manière hollywoodienne. Mais c'est à la radio qu'elle remporte ses premiers succès, dans une émission sociale où elle se fait la voix du peuple.

En 1944, à l'occasion d'un spectacle de charité, elle rencontre le ministre et colonel Juan Perón. Ce dernier, admirateur de Mussolini, suscite l'inquiétude des membres plus modérés du gouvernement qui le font incarcérer sur une île au large de Buenos Aires le 9 octobre 1945. Immédiatement, Eva Duarte prend sa défense par le biais de ses émissions de radio. Elle a l'audace d'appeler son auditoire à se mobiliser en masse pour la libération du colonel sur la célèbre place de Mai, devant la Casa Rosada, le palais présidentiel. Le 17 octobre, deux millions d'Argentins répondent à l'appel et, sous la pression populaire, le gouvernement libère Perón. Quatre jours plus tard, Eva Duarte devient madame Perón et entame du même coup une carrière politique. Elle occupe une part active dans la campagne électorale de Juan Perón qui sera élu président de la République. La première dame va prendre une place considérable, totalement inédite, dans les affaires de l'État, jouant le premier rôle dans les luttes pour les droits sociaux et ceux des travailleurs, entretenant une excellente relation avec les différents syndicats. Chaque Argentin est tenu de contribuer par le versement de deux jours de salaire à la fondation Eva Duarte Perón qui se charge de la redistribution auprès des démunis et met en œuvre de vastes programmes d'aide sociale. Habillée haute couture et couverte de bijoux, Eva Perón distribue de l'argent, des matelas, des bicyclettes, ou même des dentiers ! Elle devient la madone du peuple qui la surnomme désormais « Evita » (la petite Eva). Présidente du syndicat des travailleurs de la radiodiffusion, Evita sait exploiter les médias pour séduire les masses populaires et dénigrer les élites. Se présentant comme un modèle d'ascension sociale, elle fait enseigner son livre *L'Histoire de ma vie* dans les écoles ! En 1949, elle fonde le Parti péroniste féminin et ne cesse de gagner en popularité. En 1951, avant la première élection présidentielle au suffrage universel, le mouvement ouvrier soutient sa candidature à la vice-présidence. Mais l'icône plébiscitée doit y renoncer en raison de son état de santé.

Le 26 février 1952, Eva Perón meurt d'un cancer à l'âge de 33 ans. Cette mort précoce et tragique va contribuer au mythe. Son mari fait embaumer le corps d'Evita et le fait exposer au ministère du Travail afin que des millions de personnes viennent embrasser son cercueil. En 1955, Perón est renversé par un coup d'État, la dépouille d'Evita quitte le pays avec lui : elle sera déplacée de cachette en cachette pendant vingt ans, enterrée sous un faux nom en Italie, pour être enfin rapatriée à Buenos Aires en 1974.

D'EVITA À CRISTINA...

Le gouvernement Perón est sujet à controverses : certes, il a contribué à des avancées sociales et juridiques, mais il s'est aussi rendu coupable de corruption et est accusé d'avoir ruiné économiquement le pays. Il reste que la légende du péronisme bienfaiteur du peuple perdure, entre autres par le biais du mythe d'Evita Perón que l'actuelle présidente de l'Argentine ne se prive pas de raviver. En 2003, les Argentins élisaient Nestor Kirchner à la présidence de la République, un homme qui se réclamait du péronisme. Quatre ans plus tard, à sa mort, sa femme lui succédait. Cristina Fernandez de Kirchner s'identifie à Eva Perón dont elle a fait une figure tutélaire : elle la cite régulièrement, s'affiche avec son image à ses côtés lors de ses interventions télévisées. Si Eva Perón reste un personnage controversé, il a ressurgi dans le quotidien des Argentins et s'impose comme un symbole d'identité nationale. Un musée Evita a ouvert ses portes à Buenos Aires, des statues d'Evita ont été érigées… En 2011, un portrait monumental a recouvert deux façades de l'immense building du ministère de l'Action sociale, surplombant ainsi toute la capitale. L'année suivante, son effigie est apparue sur les billets de 100 pesos pour célébrer les soixante ans de sa disparition.

Il faut reconnaître que, en matière de discours incendiaires, celle que ses partisans surnomment « Cristina » n'a rien à envier à son illustre ancêtre : en septembre 2014, elle prononçait à l'Organisation des Nations unies deux discours si sulfureux que le président des États-Unis Barack Obama tenta de l'interrompre et que les grandes chaînes internationales en supprimèrent le sous-titrage ! Dans sa première intervention, Cristina Fernandez de Kirchner critiquait l'hypocrisie de l'attitude occidentale face au terrorisme, notamment le goût des médias pour la diffusion d'images atrocement spectaculaires censées dénoncer la violence des terroristes.

« Je pense que nos antécédents nous permettent de dire que la lutte contre le terrorisme doit se faire dans le respect des droits de l'homme, afin précisément de ne pas continuer à alimenter le monstre, oui, le monstre ! »

Dans la seconde, elle dénonçait l'existence d'un « terrorisme économique » : *« Ceux qui mettent des bombes sont peut-être des terroristes, mais il y a aussi des terroristes économiques, ceux qui déstabilisent les pays et qui sont responsables de la pauvreté et de la faim, à partir du péché de la spéculation. Il faut le dire en toutes lettres.* »

ELEANOR ROOSEVELT

– LES DROITS HUMAINS –

À la fin de l'année 1945, l'Organisation des Nations unies se formait afin de préserver les hommes et les femmes de la planète de la barbarie de la Première et de la Deuxième Guerre mondiale : l'une des premières missions consistait à élaborer une charte qui servirait de code de conduite à tous les États membres. La commission à laquelle incombait la lourde tâche de rédiger la future « Déclaration universelle des droits de l'homme » était présidée par une femme, élue à l'unanimité : Eleanor Roosevelt. Elle avait été la première dame des États-Unis jusqu'en 1945, date de la mort de son mari, Franklin Delano Roosevelt, puis nommée déléguée aux Nations unies en 1946 par le président Harry Truman qui la surnommait « première dame du monde » pour son engagement en faveur de la paix. Dès les années 1920, Eleanor Roosevelt était convaincue de la nécessité d'une organisation internationale capable de garantir la paix : ses positions pacifistes et internationalistes lui avaient valu d'être fichée par le FBI. Mais Eleanor Roosevelt restait convaincue que *« la paix mondiale ne peut être le travail d'un seul homme, d'un seul parti, ou d'une seule nation.*

RADIO
LIBERTY

Cette paix doit reposer sur la volonté commune du monde entier». En outre, elle n'avait cessé de faire campagne pour son mari, et de le seconder dans son rôle de président : elle avait voyagé dans le monde entier, savait parler en public et débattre, avait tenu 348 conférences de presse pendant les mandats de Franklin D. Roosevelt !

Il paraît donc légitime qu'à l'automne 1948, après des dizaines de réunions de travail et 3000 heures de débats, ce soit la présidente Eleanor Roosevelt qui vienne présenter le projet de la Commission des droits de l'homme à Paris afin d'inviter les Européens à soutenir l'adoption de la Déclaration universelle des droits de l'homme. Ayant fait ses études en Europe, la diplomate s'adresse en français à un auditoire de plus de 2000 personnes réunies dans le grand amphithéâtre de l'université de la Sorbonne le soir du 28 septembre 1948. Le 10 décembre, elle prononcera un nouveau discours au palais de Chaillot, où les 58 États qui constituaient l'Assemblée générale des Nations unies adopteront ce texte qui vise à une meilleure entente entre les nations et un plus grand respect des droits des individus. Après 1948, Eleanor Roosevelt continua de parcourir le monde afin de faire voter une série d'accords internationaux suivant les principes de la Déclaration.

DISCOURS À LA SORBONNE À PARIS, FRANCE
23 SEPTEMBRE 1947

« *Monsieur le président, [...] je suis très émue de venir ici, causer avec vous, et j'ai peur de ne pas faire un discours digne de la Sorbonne. Pourtant, si je pouvais vous dire tout ce que j'ai dans mon cœur ce soir, je crois que nous nous entendrions très bien. Il y a longtemps que je connais la France, il y a longtemps que j'aime la France. Et lorsqu'on nous dit que, des États-Unis, nous envoyons aujourd'hui quelques secours à la France et aux autres pays d'Europe, je voudrais dire qu'envers la France, les États-Unis reconnaîtront toujours qu'ils ne font que rendre un peu de ce que la France a fait pour nous.*

[...] Je viens ce soir causer avec vous d'une des plus importantes questions de notre époque, celle de la liberté humaine. Je suis heureuse de pouvoir faire mon petit discours ici, en France, à la Sorbonne, car le sol français connaît bien la liberté. Il y a de longues années déjà que les racines de l'arbre de la Liberté courent à travers cette terre nourricière et y trouvent les éléments nécessaires à son épanouissement. C'est ici que la Déclaration des droits de l'homme fut proclamée, et que la noble devise de la Révolution française – Liberté, Égalité,Fraternité – enflamma l'imagination des hommes. J'ai décidé de parler de cette question en Europe, car c'est en Europe que se sont

livrées les plus grandes batailles entre la liberté et la tyrannie. J'ai décidé de la discuter alors que se tient la réunion de l'Assemblée générale, car la liberté est une question décisive pour le règlement des principaux différends politiques qui partagent les peuples et les gouvernements aujourd'hui, et, en conséquence, c'est une question décisive qui aura une influence sur l'avenir des Nations unies.

L'importance capitale de la question fut pleinement reconnue à San Francisco par les fondateurs de l'Organisation des Nations unies.

[...] Le Préambule de la charte établit l'idée maîtresse en ces termes : « Nous, peuples des Nations unies, résolus à proclamer à nouveau notre foi dans les droits fondamentaux de l'homme, dans la dignité et la valeur de la personne humaine, dans l'égalité des droits des hommes et des femmes ainsi que des nations, grandes et petites, à favoriser le progrès social et à instaurer de meilleures conditions de vie dans une liberté plus grande. »

[...] Un des buts des Nations unies est exposé à l'article premier en ces mots : « Réaliser la coopération internationale en résolvant les problèmes internationaux d'ordre économique, social, intellectuel ou humanitaire, en développant et en encourageant le respect des droits de l'homme et des libertés fondamentales pour tous sans distinctions de race, de sexe, de langue ou de religion. »

[...] La première tâche, et la plus importante, dont fut chargée la Commission des droits de l'homme, fut de préparer une charte

internationale des droits de l'homme. Les premiers fruits des travaux à cet égard, c'est-à-dire la Déclaration internationale des droits de l'homme, seront présentés à l'Assemblée générale [...] inaugurée il y a quelques jours à Paris. [...] Premièrement, une déclaration qui pourrait être présentée à l'Assemblée générale pour l'approbation des États membres des Nations unies. Cette déclaration aura une grande force morale, et déclarera aux peuples du monde : « Voici ce que nous espérons voir acceptés comme les droits fondamentaux de l'homme au cours des années prochaines. »

[...] En second, nous avons joint à la déclaration un pacte qui devrait être rédigé sous forme de traité et soumis aux nations du monde. Faute de temps, la Commission des droits de l'homme n'a pu terminer cette seconde partie de son travail. Chaque nation ratifierait ce pacte lorsqu'elle serait en mesure de le faire. Il deviendrait alors exécutoire pour les nations qui auraient adhéré. Chaque nation qui l'aurait ratifié serait ensuite tenue de modifier ses lois, chaque fois que ses lois ne seraient pas conformes au pacte. Ce pacte serait nécessairement un document plus simple. Il ne saurait exprimer des aspirations. Il ne pourrait énoncer que le seul droit, dont la jouissance pourrait être assurée par la loi.

Tout d'abord, il est nécessaire que nous comprenions bien la liberté essentielle de la démocratie. Les droits fondamentaux de l'homme sont simples et faciles à comprendre : liberté de parole ; liberté de la presse ; liberté de conscience et du culte ; droit d'assemblée et de pétition ; droit d'être en sûreté chez soi, et à l'abri des perquisitions et des saisies déraisonnables, d'arrestations et de sanctions arbitraires.

Le monde en général reconnaît les conséquences tragiques que supportent les êtres humains placés sous la domination des régimes totalitaires. Si nous étudions la façon dont Hitler est parvenu au pouvoir, nous voyons comment sont forgées les chaînes qui tiennent l'homme en esclavage. Et nous pouvons établir de nombreux parallèles avec ce qui se passe dans d'autres pays. L'homme doit être libre. L'homme doit être libre de discuter et d'obtenir le plus grand nombre d'informations possible au point de vue politique. Et dans tout pays, il doit exister au moins deux partis politiques, car lorsqu'il n'en existe qu'un seul, trop de choses peuvent être subordonnées aux intérêts de ce parti unique, qui devient alors un tyran et non un instrument de gouvernement démocratique.

La propagande dont nous avons été les témoins au cours des dernières années, ainsi que celle que nous percevons actuellement, s'efforce d'attaquer, de saper et de détruire la liberté et l'indépendance des peuples. Une telle propagande amène les peuples à douter des droits qui leur ont été légués et, en conséquence, à compromettre les principes selon lesquels ils vivent. Ou bien ils relèvent le défi, redoublent de vigilance et s'efforcent de continuer la lutte pour le maintien et l'élargissement des libertés humaines.

Les peuples qui se voient refuser le respect auquel ils ont droit comme êtres humains ne seront pas toujours disposés à accepter ces conditions. ***La charte des Nations unies est le flambeau qui éclaire la voie conduisant à la réalisation des droits et des libertés fondamentales de l'homme sur un front universel.*** *Ce qui importe maintenant, ce n'est pas seulement la mesure dans laquelle les droits et la liberté de l'homme ont été acquis, mais la direction vers laquelle le monde s'oriente. Les buts de la charte seront-ils fidèlement poursuivis, si certains pays continuent à restreindre les droits et la liberté des hommes, au lieu d'en encourager le respect universel et l'application générale, comme le stipule la charte ? C'est dans le forum des Nations unies que la question des droits de l'homme doit être débattue. L'Organisation des Nations unies a été établie pour servir de lieu de réunion aux nations, pour leur permettre d'examiner ensemble leurs problèmes communs, et tirer profit des différences de leur expérience. C'est parce que nous sommes fermement attachés aux principes de la démocratie et de la liberté que nous nous tenons toujours prêts à recourir aux procédés démocratiques fondamentaux de discussion et de négociation honnête. Nous espérons maintenant, comme nous l'avons toujours fait, que malgré les divergences marquées de points de vue auxquelles nous avons à faire face aujourd'hui dans le monde, nous pouvons, avec une mutuelle bonne foi dans les principes de la charte des Nations unies, trouver un terrain commun d'entente.*

[…] En ma qualité de membre de la délégation des États-Unis, je prie Dieu de nous aider à remporter ici une autre victoire pour les droits et la liberté de tous les hommes, et je sais que la France et les Français lutteront toujours avec nous pour ces droits et cette liberté. »

DROITS DE L'HOMME OU DROITS DE L'HUMAIN ?

Les « droits de l'homme » sont des libertés et droits fondamentaux auxquels toute personne peut prétendre, indépendamment de sa nationalité, de son sexe, de son origine nationale ou ethnique, de sa race, de sa religion, de sa sexualité, de sa langue ou de tout autre statut.

Les droits de l'homme comprennent des droits civils et politiques, tels que le droit à la vie, à la liberté et à la liberté d'expression ; ainsi que des droits sociaux, culturels et économiques, y compris le droit de participer à la vie culturelle, le droit à l'alimentation, le droit à travailler et à recevoir une éducation. Les droits de l'homme concernent donc bien les hommes… et les femmes !

Or, le 10 décembre 1948, au palais de Chaillot, Eleanor Roosevelt se serait battue pour que l'expression « droits de l'homme », proposée par son homologue français René Cassin en référence à la « Déclaration des droits de l'homme et du citoyen » de 1789, soit traduite en anglais en « human rights » et non en « men rights ». Et la diplomate américaine a obtenu gain de cause, tandis que Françaises et Français acceptaient sans sourciller cette formule de « droits de l'homme » jusqu'à ce que récemment on lance le débat sur le sexisme de la langue.

FEMME DU MONDE ET **ACTIVISTE D'UN MONDE EN PAIX**

Élevée au sein d'une influente famille aristocrate de la côte est américaine, Eleanor Roosevelt passe une enfance de jeune fille riche. En 1898, à l'âge de 14 ans, elle est envoyée dans un prestigieux pensionnat londonien. Elle y développera une curiosité intellectuelle et le goût des voyages. Quatre ans plus tard, de retour à New York, elle entame cependant une vie conforme à son milieu : « *Je pense que je correspondais tout à fait au modèle de la jeune femme de la bonne société de l'époque, conventionnelle, effacée, destinée à n'être qu'une mère de famille.* » À 21 ans, elle se marie avec un cousin éloigné, Franklin Delano Roosevelt : cette union ne passe pas inaperçue par la présence de l'oncle d'Eleanor, Theodore Roosevelt, qui n'était autre que le président des États-Unis… Le couple a six enfants. Franklin entame une carrière politique et Eleanor s'en mêle, mais d'abord par devoir : « *Je ne sais pas si j'en avais vraiment le goût ! C'était le devoir d'une épouse de s'intéresser à tout ce qui intéresse son mari, qu'il s'agisse de politique, de livres ou du plat qu'il préfère pour son dîner.* »

Quinze ans plus tard, la jeune femme discrète et docile va vivre une métamorphose spectaculaire et devenir une militante des causes les plus fondamentales de l'histoire du XXe siècle. D'une part, elle ne cesse de soutenir les campagnes successives de son mari et s'initie ainsi à la politique, d'autre part, lorsqu'elle découvre son infidélité, elle renonce au divorce pour affirmer leur relation de partenaires politiques. En 1919, les Américaines obtiennent le droit de vote : Eleanor milite en faveur de réformes sociales destinées à protéger le travail des femmes et des enfants. C'est la première forme de son engagement qui ne cessera de s'épanouir. En 1921, Franklin D. Roosevelt se retrouve paralysé des jambes à cause d'une polyomélite : sa femme devient « ses yeux et ses oreilles » et sillonne l'État de New York pour faire campagne à sa place. En 1928, il accède au poste de gouverneur puis, en 1933, à la présidence des États-Unis. En pleine crise économique, Franklin D. Roosevelt se fait élire grâce au New Deal, une politique interventionniste qui inclut notamment la mise en place d'un programme de sécurité sociale. Devenue première dame, Eleanor va traverser le pays pour s'assurer de la bonne marche du New Deal auprès des laissés-pour-compte. Elle s'engage également en faveur des droits civiques des Afro-Américains, ce qui lui vaudra d'être traitée de communiste... Elle publie des éditoriaux dans des magazines et journaux qui analysent les problèmes économiques et sociaux, puis anime une chronique radio. Toutes les semaines, elle tient une conférence de presse réservée aux femmes à la Maison-Blanche, édite ses mémoires et pose pour des publicités dont elle redistribue les revenus à des organismes de charité. Elle ne se prive pas non plus d'intervenir dans les réunions du président à la Maison-Blanche : cette attitude interventionniste lui vaudra quelques sarcasmes de la part de la presse.

Eleanor Roosevelt n'en poursuit pas moins son affranchissement sur tous les plans, cultivant une amitié amoureuse avec une journaliste, vivant une idylle avec son garde du corps, ou s'éprenant passionnément d'un très jeune militant socialiste... À partir de 1939, elle n'hésite pas à effectuer des déplacements dans l'Europe en guerre, remplaçant son époux paralysé, et jouant son rôle dans l'intervention des États-Unis auprès des Alliés durant la Seconde Guerre mondiale... À la mort de Franklin D. Roosevelt en 1945, Eleanor n'en abandonne pas pour autant la politique et se lance dans la diplomatie : elle sera l'un des membres les plus influents de la Commission des Nations unies pour les droits de l'homme et s'investira pour la paix dans le monde jusqu'à sa mort en 1962.

UN MODÈLE ATYPIQUE DE « PREMIÈRE DAME »

Eleanor Roosevelt a été la première des « first ladies » américaines à sortir du rôle d'hôtesse de la Maison-Blanche et de faire-valoir dévolu aux épouses de présidents. Plus à gauche que son mari, elle a eu une influence notable sur la politique démocrate conduite par Franklin D. Roosevelt, dont elle s'est fait davantage que l'émissaire, en se dressant contre l'injustice sociale et les discriminations sexuelles et raciales. Aux États-Unis, comme dans bien d'autres pays, le rôle de première dame n'a pas d'encadrement juridique ou administratif. Eleanor Roosevelt a réinventé cette fonction et jamais une femme de président n'avait été aussi populaire.

Rien d'étonnant à ce qu'Hillary Clinton, elle aussi femme d'un ancien président, voit en Eleanor Roosevelt un véritable mentor depuis ses débuts en politique. Elle confie même entretenir des conversations secrètes avec elle ! Briguant à son tour les plus hautes fonctions à la tête des États-Unis, Hillary Clinton fit d'Eleanor Roosevelt une référence clairement revendiquée tout au long de sa dernière campagne vers la Maison-Blanche en 2016. Et la presse américaine ne s'est pas privée de jouer à établir des parallèles entre la vie et le tempérament des deux femmes.

JOSÉPHINE BAKER

– LES DROITS CIVIQUES –

L'été 1963, aux États-Unis, le Ku Klux Klan se rend coupable d'une série d'attentats racistes. Des organisations afro-américaines, le Mouvement pour les droits civiques en tête, vont multiplier les manifestations protestant de manière non violente contre la discrimination raciale. Le 28 août, à Washington D.C., la Marche pour l'emploi et la liberté s'achève devant le mémorial Lincoln, dédié au président qui a aboli l'esclavage cent ans auparavant. Menée par des défenseurs des droits civiques, dont le pasteur Martin Luther King, cette manifestation « réunissant 250 000 personnes », visait à soutenir une loi en faveur de l'égalité des droits civiques entre Noirs et Blancs. Le projet émanait de John Fitzgerald Kennedy, le premier président des États-Unis à s'engager contre la ségrégation raciale et à lutter de front contre la violence qu'elle générait. D'autres revendications politiques étaient mises en avant : l'élimination de la discrimination à l'école, l'égalité des droits dans le domaine du travail et des salaires, entre autres. Cette marche a réussi à associer manifestants noirs et blancs, ainsi que les différentes confessions religieuses.

Son but était aussi de rendre visible au niveau national la force de la communauté noire. Ainsi, de nombreuses personnalités étaient venues apporter leur soutien : parmi elles, le chanteur Bob Dylan, l'acteur Burt Lancaster, ou encore l'artiste Joséphine Baker qui avait tout spécialement fait le voyage de Paris. Vêtue d'un uniforme des Forces françaises libres, elle se présenta comme symboliquement prête pour une autre « résistance ». Elle prononça à la tribune un discours d'une grande modestie, évoquant les souvenirs douloureux d'une enfant noire dans le Missouri, les sanglantes émeutes raciales de Saint-Louis en 1917, et son exil en France où les violences de la ségrégation lui ont été épargnées. Et lorsque Joséphine Baker parla du jour où on l'avait forcée à changer de wagon dans un tramway, tous pensèrent certainement au geste courageux de Rosa Parks, qui, un jour de 1955, avait osé refuser de céder sa place à un voyageur blanc dans un autobus. La militante s'était vu infliger une amende, ce qui incita Martin Luther King à lancer une campagne de boycott contre la compagnie de bus. En 1956, la Cour suprême déclarait anticonstitutionnelles les lois ségrégationnistes dans les transports. Rosa Parks est ainsi devenue une icône du Mouvement des droits civiques. À la fin de son discours, Josephine Baker se montra pleine d'optimisme, ignorant combien la lutte allait encore être longue et violente...

DISCOURS LORS DE LA MARCHE POUR L'EMPLOI ET LA LIBERTÉ À WASHINGTON D.C., ÉTATS-UNIS

28 AOÛT 1963

« Chers amis, chère famille, vous savez que ma vie a été longue et que je reviens de loin. Il faut maintenant que je vous dise que tout ce que j'ai fait, je l'ai d'abord fait pour moi. Plus tard, quand j'ai été confrontée à certains événements, je me suis demandé si cela vous arrivait à vous aussi, et j'ai su que c'était forcément le cas. J'ai su que, contrairement à moi, vous n'aviez aucun moyen de vous défendre.

Comme je continuais à faire ce que je faisais, à dire ce que je disais, ils ont commencé à porter leurs coups. Pas ceux qu'on donne avec une matraque – quoique, ça aussi je l'ai vu faire – non, ceux qu'on porte avec la plume, dans les écrits. Mes amis, sachez que ce sont les pires.

Quand j'étais enfant et qu'ils m'ont chassée de ma maison en y mettant le feu, j'ai eu peur et je me suis enfuie. J'ai fini par m'enfuir très loin. Jusqu'à un endroit qu'on appelle la France. Beaucoup d'entre vous y sont déjà allés, beaucoup d'autres, non. Mais je peux vous dire, mesdames et messieurs, que dans ce pays qui semblait sorti tout droit d'un conte de fées, je n'ai jamais eu peur.

Je n'ai pas besoin de vous raconter que des choses merveilleuses me sont arrivées là-bas.

Je sais bien que vous, les enfants, vous ne savez pas qui est Joséphine Baker, mais demandez donc à votre grand-mère ou à votre grand-père, et ils vous le diront. Vous savez ce qu'ils diront ? « Bon sang, c'était un démon. » Et vous savez quoi ? Eh bien, ils auront raison. C'est exactement ce que j'étais. J'étais un démon dans d'autres pays, et j'étais un petit démon en Amérique aussi.

Je peux vous dire que durant ma jeunesse à Paris, il m'est arrivé des choses étranges... Des choses qui ne m'étaient jamais arrivées auparavant. Quand j'ai quitté Saint-Louis il y a très longtemps, le conducteur du train m'a directement orientée vers le dernier wagon. Vous savez tous très bien ce que cela signifie...

Mais quand j'ai fui, oui, fui, vers un autre pays, je n'ai plus eu à subir ça. Je pouvais aller dans n'importe quel restaurant, je pouvais boire de l'eau partout où j'en avais envie, et je n'avais pas non plus besoin d'aller dans des toilettes réservées aux personnes de couleur. Et je peux vous dire que c'était agréable, et que je m'y suis habituée, et que j'aimais ça, et que je n'avais plus peur que quelqu'un m'interpelle en hurlant : « Toi, la Négresse, va au bout de la file ! » *Vous savez, je n'ai quasiment jamais utilisé ce mot, mais on me l'a crié de très nombreuses fois.*

Donc là-bas, très loin d'ici, j'étais heureuse, et c'est parce que j'étais heureuse que j'ai eu du succès, mais ça vous le savez aussi.

Et puis, après un long moment d'absence, je suis revenue en Amérique pour participer au grand show de Monsieur Ziegfeld, et vous savez quoi, Joséphine était sacrément heureuse. J'étais heureuse parce que je voulais raconter mon histoire à tous les habitants de mon pays. Je voulais que tout le monde sache que j'avais réussi. Quoi de plus naturel ?

Mais j'ai vécu une mauvaise expérience sur ce grand et beau navire. Une star très connue était censée dîner à ma table et j'ai découvert au dernier moment qu'elle avait refusé de manger avec une femme de couleur. Je peux vous dire que ça m'a fait un sacré choc.

Je ne prendrai pas la peine de mentionner son nom parce que ce n'est pas important et que, de toute façon, elle est morte maintenant.

Ensuite, en arrivant à New York, les chocs se sont multipliés – quand ils ne m'ont pas laissée séjourner dans les beaux hôtels parce que j'étais noire, ou manger dans certains restaurants. Après, je suis allée à Atlanta, et ça a été affreux. Je me suis dit, mon Dieu, je suis Joséphine ! S'ils me font ça à moi, que font-ils aux autres en Amérique ?

Mes chers amis, vous savez que je ne vous mens pas quand je vous dis que j'ai été invitée par des rois et des reines dans leurs palais, par des présidents et bien plus encore. Mais, en Amérique, je ne pouvais pas entrer dans un hôtel pour commander un café. Ça m'a rendue folle de rage. Et vous me connaissez : quand je deviens folle de rage, j'ouvre ma grande bouche. Et alors, attention, parce que quand Joséphine l'ouvre, on l'entend aux quatre coins du monde.

Donc j'ai ouvert ma bouche et vous savez quoi, j'ai véritablement hurlé. Et quand j'ai réclamé ce que j'étais censée avoir, ce à quoi j'avais droit, ils n'ont toujours pas voulu me le donner.

Alors ils se sont dits qu'ils pouvaient me calomnier, et quoi de mieux pour ça que de m'accuser d'être communiste ? Pas besoin de vous faire un dessin, c'était un mot redouté à l'époque. En Amérique, j'ai été harcelée par les agences gouvernementales alors qu'il n'y a jamais eu la moindre preuve que j'étais communiste. Mais ils étaient fous. Ils étaient fous parce que je disais la vérité. Et la vérité, c'est que la seule chose que je voulais, c'était une tasse de café. Mais cette tasse de café, je voulais la boire là où j'en avais envie. J'avais de quoi la payer, alors pourquoi est-ce que je n'aurais pas pu la boire où bon me semblait ?

Mes amis, mes frères et sœurs, ça s'est passé ainsi. Et j'ai fini par crier suffisamment fort pour qu'enfin ils entrouvrent cette porte, juste un petit peu ; alors nous avons tous pu commencer à nous y faufiler. Pas seulement les gens de couleur, les autres aussi, les autres minorités, les Asiatiques, et les Mexicains, et les Indiens – ceux des États-Unis comme ceux venus d'Inde.

Attention, je ne vais pas me tenir devant vous tous aujourd'hui pour m'attribuer le mérite de ce qui est en train de se produire. Je ne peux pas faire ça. Mais je veux m'attribuer celui de vous dire comment faire la même chose, et je sais, mes amis, que lorsque vous crierez vous serez entendus. Et vous serez entendus maintenant.

Et vous, jeunes gens, vous devez faire une

chose. Et je sais que vous avez entendu cela des milliers de fois de la bouche de vos mères et de vos pères, comme moi-même je l'ai entendu de celle de ma mère. Je n'ai pas écouté ses conseils mais j'ai accompli la même chose d'une autre manière. Vous devez vous instruire. Vous devez aller à l'école et vous devez apprendre à vous protéger. Vous devez apprendre à vous protéger avec votre plume, pas avec un pistolet. Alors, vous pourrez leur répondre, et je peux vous dire – sans vouloir avoir l'air ringard –, je peux vous dire que la plume est vraiment plus puissante que le glaive.

Mes amis, je ne suis plus une jeune femme. Ma vie est derrière moi. ***Il n'y a plus beaucoup de feu qui brûle au fond de moi. Mais avant qu'il ne s'éteigne, je veux utiliser ce qui en reste pour l'allumer en vous.*** *Pour que vous puissiez avancer, pour que vous puissiez faire les mêmes choses que moi. Alors, quand mon feu se sera éteint, lorsque j'irai là où nous allons tous un jour, je pourrai être heureuse.*

Vous savez, j'ai toujours pris le chemin semé d'embûches. Je n'ai jamais suivi la voie de la facilité. Mais en vieillissant, et en sachant que j'avais le pouvoir et la force nécessaires, j'ai pris ce chemin ardu et j'ai essayé d'en ôter les obstacles. J'ai voulu le rendre plus facile pour vous. Je veux que vous ayez la chance d'avoir ce que j'ai eu. Mais je ne veux pas que vous ayez à fuir pour l'obtenir. Chères mères, chers pères, s'il est trop tard pour vous, pensez à vos enfants. Améliorez la vie ici, pour qu'ils n'aient pas à fuir, car je veux pour vous et vos enfants ce que j'ai pu avoir, moi.

Mesdames et messieurs, mes amis, ma famille, on vient de me transmettre un petit message. C'est une invitation à venir rendre visite au président des États-Unis, chez lui, à la Maison-Blanche.

Je suis très honorée. Mais je dois vous dire que ce n'est pas une femme de couleur – ou, comme vous dites en Amérique, une femme noire – qui s'y rendra. C'est une femme. C'est Joséphine Baker.

C'est un grand honneur pour moi. Un jour, je veux que vous, les enfants ici présents, viviez ce même grand honneur. Et nous savons que ce moment n'est pas pour un jour incertain. Nous savons que ce moment, c'est maintenant.

Je vous remercie et que Dieu vous bénisse. Et qu'il continue à vous bénir, longtemps après que j'ai quitté cette terre. »

UN DISCOURS DE RÊVE

La date du 28 août 1963 s'est inscrite dans l'histoire grâce au magnifique discours du pasteur Martin Luther King, prononcé à l'issue de la Marche pour l'emploi et la liberté à Washington D.C., après celui de Joséphine Baker. Il s'ouvre sur un hommage à la Proclamation d'émancipation, due au président Lincoln quelque cent ans auparavant, cite la Constitution américaine et la Déclaration d'indépendance, s'appuie sur des textes bibliques et les paroles d'un « negro spiritual », musique sacrée des esclaves noirs. Pour Martin Luther King, *« le moment est venu de se lever de la vallée sombre et désolée de la ségrégation pour parcourir le sentier ensoleillé de la justice raciale »*. Et l'anaphore de cet hymne à l'égalité, « I have a dream » (« Je fais un rêve »), est devenue aussi célèbre que le refrain d'une chanson populaire.

Trois mois plus tard, le président Kennedy était assassiné. Cependant, le projet de loi rendant illégale la discrimination reposant sur la couleur, la religion, le sexe ou l'origine nationale est voté en 1964. Plus jeune lauréat du prix Nobel de la paix cette même année, Martin Luther King poursuit sans relâche son combat pour la liberté et l'égalité. Mais le 4 avril 1968, dans une manifestation de soutien à des grévistes afro-américains sous-payés, il est à son tour victime d'un assassinat.

« EXOTIQUE »
ET ENGAGÉE

Joséphine Baker est issue d'une famille d'artistes : sa mère, une métisse noire et amérindienne, était danseuse ; son père, musicien de rue. Elle a ainsi elle-même pratiqué la danse dès son plus jeune âge. Aînée de la fratrie, elle alterne école et travaux domestiques pour contribuer à la vie de la famille. Elle se marie une première fois en 1920, à 13 ans, entame une carrière d'artiste de rue, se remarie l'année suivante, rêve de danser à Broadway… Âgée d'à peine 16 ans, elle arrive seule à New York et réussit à obtenir un rôle dans une comédie musicale à la distribution entièrement noire au Music Hall de Broadway. Après deux ans de tournée, elle est repérée par la mécène Caroline Dudley Reagan qui veut en faire une vedette en France avec le spectacle *La Revue nègre*. En 1925, Joséphine Baker a 18 ans quand elle arrive à Paris. Elle se produit au théâtre des Champs-Élysées, vêtue d'un costume minimaliste, le fameux pagne constitué de fausses bananes... Son style inédit et scandaleux séduit l'avant-garde parisienne, les peintres cubistes et tous ceux qui s'enthousiasment pour cette nouvelle musique qu'est le jazz. Joséphine Baker va savoir jouer de son personnage quelque peu caricatural de danseuse « exotique », de « sauvageonne » : par provocation, elle s'exhibe sur scène avec un léopard ou un guépard.

À la fin des années 1920, elle a acquis une célébrité internationale grâce à la danse, à la chanson et au cinéma. En 1936, elle tente de séduire le public américain, mais son pays la trouve désormais « trop française ». L'année suivante, elle le devient effectivement en obtenant sa nationalité. Pendant la Seconde Guerre mondiale, la biographie de Baker, déjà haute en couleurs, s'enrichit d'un chapitre à couper le souffle : elle est un agent du contre-espionnage, s'engage dans les services secrets de la France libre, puis dans les forces féminines de l'armée de l'air. Elle s'acquitte d'incroyables missions, dissimulant des messages au cœur de ses partitions musicales; ces activités de résistante lui vaudront maintes décorations. À partir de 1947, l'inépuisable héroïne devient la mère adoptive de douze enfants de différentes origines, sa « tribu arc-en-ciel ». Elle tente à nouveau de renouer avec le succès aux États-Unis, mais y sera victime de ségrégation. Elle commence alors à s'engager dans la lutte contre le racisme, rencontre Martin Luther King et soutient le Mouvement pour les droits civiques. À la fin des années 1960, la star s'est ruinée, notamment à cause de son immense château des Milandes, et trouve refuge à Monaco, accueillie par la princesse Grace. Elle continue cependant à se produire sur scène jusqu'à la veille de sa mort, le 12 avril 1975.

GISÈLE HALIMI

– LE DROIT À L'AVORTEMENT –

Le Code Napoléon de 1810 définissait l'avortement comme un crime, jugé par une cour d'assises et puni d'emprisonnement. Au siècle suivant, sous prétexte d'une politique nataliste, la répression s'est durcie : la simple incitation à l'avortement ou à la contraception a été interdite par la loi du 31 juillet 1920. Trois ans plus tard, une nouvelle loi définissait l'avortement non plus comme un crime mais comme un délit, car les jurys d'assises étaient considérés trop indulgents, et l'on espérait rendre les peines plus applicables par les tribunaux correctionnels. Sous le régime de Vichy, l'avortement est devenu un crime d'État passible de la peine de mort. Cette loi de 1942 a été abrogée à la Libération, mais l'avortement n'en restera pas moins un délit. En 1967, la loi Neuwirth autorisant la contraception est adoptée mais n'est appliquée qu'après 1972. L'avortement, en revanche, reste hors-la-loi et les procès demeurent monnaie courante. Cette situation surligne les inégalités sociales : seules les femmes qui en ont les moyens peuvent se faire avorter dans un pays plus libéral (Suisse ou Grande-Bretagne), les autres mettent leur santé en péril et, parfois, même leur vie.

Mais au lendemain de Mai 68 et de la création du Mouvement de libération des femmes (MLF), les voix se font de plus en plus fortes pour revendiquer le droit des femmes à disposer librement de leur corps. C'est dans ce contexte que se déroule le « procès de Bobigny ».

En octobre et novembre 1972, le tribunal de Bobigny juge cinq femmes impliquées dans une « affaire d'avortement ». Marie-Claire Chevalier a avorté à 16 ans après avoir été violée par un lycéen. Des médecins avaient accepté de procéder à l'avortement, mais le coût était exorbitant pour la mère de Marie-Claire, élevant seule ses trois filles. Deux collègues l'ont donc adressée à une femme qui effectua l'opération. Quand les cinq femmes sont mises en examen, la mère de Marie-Claire se tourne vers Gisèle Halimi qui accepte de les défendre. L'avocate propose de transformer ce tragique fait divers en un grand procès : elle va « *s'adresser, par-dessus la tête des magistrats, à l'opinion publique tout entière* » et attaquer l'injustice de la loi de 1920.

Le 11 octobre 1972, Marie-Claire est jugée à huis clos par le tribunal des enfants de Bobigny : elle est relaxée. Le 8 novembre 1972, c'est au tour de la mère de Marie-Claire, de ses deux collègues, accusées de complicité, et de la femme qui a effectué l'acte illégal de comparaître en audience publique. Des célébrités se pressent à la barre pour les soutenir : la philosophe Simone de Beauvoir, le prix Nobel de médecine Jacques Monod, entre autres. La salle du tribunal ne peut accueillir la foule qui se presse à l'extérieur et scande : « *L'Angleterre pour les riches, la prison pour les pauvres !* », tandis que le président du tribunal fulmine : « *Fermez les portes, fermez les fenêtres !* » Michèle Chevalier est condamnée à 500 francs d'amende avec sursis, ses deux collègues, relaxées ; la femme qui a pratiqué l'avortement écope d'un an de prison avec sursis. Mais la magistrale plaidoirie de Gisèle Halimi s'est inscrite dans l'Histoire. Le procureur avait rappelé à la presse qu'il était interdit de publier tout débat ayant trait à l'avortement : le procès est couvert par la radio et la télévision, des centaines d'articles paraissent... Gisèle Halimi a remporté son pari : l'affaire fera jurisprudence et la loi changera.

PLAIDOIRIE AU TRIBUNAL DE BOBIGNY, FRANCE **8 NOVEMBRE 1972**

« *Monsieur le président,*

Messieurs du tribunal,

Je ressens avec une plénitude jamais connue à ce jour un parfait accord entre mon métier qui est de plaider, qui est de défendre, et ma condition de femme.

Je ressens donc au premier plan, au plan physique, il faut le dire, une solidarité fondamentale avec ces quatre femmes, et avec les autres.

Ce que j'essaie d'exprimer ici, c'est que je m'identifie précisément et totalement avec Mme Chevalier et avec ces trois femmes présentes à l'audience, avec ces femmes qui manifestent dans la rue, avec ces millions de femmes françaises et autres.

Elles sont ma famille. Elles sont mon combat. Elles sont ma pratique quotidienne.

Et si je ne parle aujourd'hui, Messieurs, que de l'avortement et de la condition faite à la femme par une loi répressive, une loi d'un autre âge, c'est moins parce que le dossier nous y contraint que parce que cette loi est la pierre de touche de l'oppression qui frappe les femmes.

C'est toujours la même classe, celle des femmes pauvres, vulnérables économiquement et socialement, cette classe des sans-argent et des sans-relations qui est frappée.

Voilà vingt ans que je plaide, Messieurs, et je pose chaque fois la question et j'autorise le tribunal à m'interrompre s'il peut me contredire. Je n'ai encore jamais plaidé pour la femme d'un haut commis de l'État, ou pour la femme d'un médecin célèbre, ou d'un grand avocat, ou d'un P.-D.G. de société, ou pour la maîtresse de ces mêmes messieurs.

Je pose la question. Cela s'est-il trouvé dans cette enceinte de justice ou ailleurs ? Vous condamnez toujours les mêmes, les « Mme Chevalier ». Ce que nous avons fait, nous, la défense, et ce que le tribunal peut faire, ce que chaque homme conscient de la discrimination qui frappe les mêmes femmes peut faire, c'est se livrer à un sondage très simple. Prenez des jugements de condamnation pour avortement, prenez les tribunaux de France que vous voudrez, les années que vous voudrez, prenez cent femmes condamnées et faites une coupe socio-économique : vous retrouverez toujours les mêmes résultats :

– 26 femmes sont sans profession, mais de milieu modeste, des « ménagères » ;

– 35 sont employées de bureau (secrétaires-dactylos) : au niveau du secrétariat de direction, déjà, on a plus d'argent, on a des relations, on a celles du patron, un téléphone... ;

– 15 employées de commerce et de l'artisanat (des vendeuses, des coiffeuses...) ;

– 16 de l'enseignement primaire, agents techniques, institutrices, laborantines ;

– 5 ouvrières ;

– 3 étudiantes.

Autre exemple de cette justice de classe qui joue, sans la moindre exception concernant les femmes : le manifeste des 343.

Vous avez entendu à cette barre trois de ses signataires. J'en suis une moi-même. Trois cent quarante-trois femmes (aujourd'hui, trois mille) ont dénoncé le scandale de l'avortement clandestin, le scandale de la répression et le scandale de ce silence que l'on faisait sur cet avortement. Les a-t-on seulement inculpées ? Nous a-t-on seulement interrogées ? Je pense à Simone de Beauvoir, à Françoise Sagan, à Delphine Seyrig – que vous avez entendues – Jeanne Moreau, Catherine Deneuve... Dans un hebdomadaire à grand tirage, je crois, Catherine Deneuve est représentée avec la légende : « La plus jolie maman du cinéma français » ; oui certes, mais c'est aussi « la plus jolie avortée du cinéma français » !

Retournons aux sources pour que Marie-Claire, qui s'est retrouvée enceinte à 16 ans, puisse être poursuivie pour délit d'avortement, il eût fallu prouver qu'elle avait tous les moyens de savoir comment ne pas être enceinte, et tous les moyens de prévoir.

Ici, Messieurs, j'aborde le problème de l'éducation sexuelle.

Vous avez entendu les réponses des témoins. Je ne crois pas que, sur ce point, nous avons appris quelque chose au tribunal. Ce que je voudrais savoir, c'est combien de Marie-Claire en France ont appris qu'elles avaient un corps, comment il était fait, ses limites, ses possibilités, ses pièges, le plaisir qu'elles pouvaient en prendre et donner ?

Combien ?

Très peu, j'en ai peur.

Il y a dans mon dossier une attestation de Mme Anne Pério, professeur dans un lycée technique, qui indique que, durant l'année scolaire 1971-1972, il y a eu treize jeunes filles entre 17 ans et 20 ans en état de grossesse dans ce lycée. Vous avez entendu, à l'audience, Simone Iff, vice-présidente du Planning familial. Elle est venue vous dire quel sabotage délibéré les pouvoirs publics faisaient précisément de cet organisme qui était là pour informer, pour prévenir, puisque c'est de cela qu'il s'agit.

Vous avez, Messieurs, heureusement pour vous, car je vous ai sentis accablés sous le poids de mes témoins et de leur témoignage, échappé de justesse à deux témoignages de jeunes gens de 20 ans et de 17 ans, mes deux fils aînés, qui voulaient venir à cette barre. Ils voulaient vous dire d'abord à quel point l'éducation sexuelle avait été inexistante pendant leurs études. L'un est dans un lycée et l'autre est étudiant. Ils voulaient faire – il faut le dire – mon procès. Mon procès, c'est-à-dire le procès de tous les parents. Car l'alibi de l'éducation sexuelle, à la maison, il nous faut le rejeter comme quelque chose de malhonnête. Je voudrais savoir combien de parents – et je parle de parents qui ont les moyens matériels et intellectuels de le faire – abordent tous les soirs autour de la soupe familiale l'éducation sexuelle de leurs enfants. Mme Chevalier, on vous l'a dit, n'avait pas de moyens matériels, et elle n'avait pas reçu elle-même d'éducation sexuelle. Je parle de moi-même et de mes rapports avec mes enfants. Moi, je n'ai pas pu le faire. Pourquoi ? Je n'en sais rien. Mais je peux peut-être essayer de l'expliquer. Peut-être parce que, entre les parents et les enfants, il y a un rapport passionnel, vivant, vivace, et c'est bon qu'il en soit ainsi ; peut-être aussi parce que, pour les enfants, il y a cette image des rapports amoureux des parents et que cela peut culpabiliser les enfants et la mère ? Toujours est-il que l'on ne peut décider que les parents auront l'entière responsabilité de l'éducation sexuelle. Il faut des éducateurs spécialisés, quitte pour les parents à apporter, en quelque sorte, une aide complémentaire.

Pourquoi ne pratique-t-on pas l'éducation sexuelle dans les écoles puisqu'on ne veut pas d'avortement ?

Pourquoi ne commence-t-on pas par le commencement ? Pourquoi ?

Parce que nous restons fidèles à un tabou hérité de nos civilisations judéo-chrétiennes qui s'oppose à la dissociation de l'acte sexuel et de l'acte de procréation. Ils sont pourtant deux choses différentes. Ils peuvent être tous les deux actes d'amour, mais le crime des pouvoirs publics et des adultes est d'empêcher les enfants de savoir qu'ils peuvent être dissociés.

Deuxième responsabilité :

L'accusation, je le lui demande, peut-elle établir qu'il existe en France une contraception véritable, publique, populaire et gratuite ? Je ne parle pas de la contraception gadget, de la contraception clandestine qui est la nôtre aujourd'hui. Je parle d'une véritable contraception. Je dois dire que j'ai cru comprendre que même la contraception était prise à partie dans ce débat.

Je dois dire qu'il m'est arrivé de parler à plusieurs reprises de ce problème, publiquement. J'ai eu en face de moi des hommes d'Église : même eux n'avaient pas pris cette position. La contraception, à l'heure actuelle, c'est peut-être 6 % ou 8 % des femmes qui l'utilisent. Dans quelles couches de la population ? Dans les milieux populaires, 1 % !

Dans la logique de la contraception, je dis qu'est inscrit le droit à l'avortement.

Supposons que nous ayons une parfaite éducation sexuelle. Supposons que cela soit enseigné dans toutes les écoles. Supposons qu'il y ait une contraception véritable, populaire, totale, gratuite. On peut rêver… Prenons une femme libre et responsable, parce que les femmes sont libres et responsables. Prenons une de ces femmes qui aura fait précisément ce que l'on reproche aux autres de ne pas faire, qui aura manifesté constamment, régulièrement, en rendant visite à son médecin, sa volonté de ne pas avoir d'enfants et qui se trouverait, malgré tout cela, enceinte.

Je pose alors la question : « Que faut-il faire ? »

J'ai posé la question à tous les médecins. Ils m'ont tous répondu, à l'exception d'un seul : « Il faut qu'elle avorte. » *Il y a donc inscrit, dans la logique de la contraception, le droit à l'avortement. Car personne ne peut soutenir, du moins je l'espère, que l'on peut donner la vie par échec. Et il n'y a pas que l'échec. Il y a l'oubli. Supposez que l'on oublie sa pilule. Oui. On oublie sa pilule. Je ne sais plus qui trouvait cela absolument criminel. On peut oublier sa pilule. Supposez l'erreur. L'erreur dans le choix du contraceptif, dans la pose du diaphragme.*

L'échec, l'erreur, l'oubli…

Voulez-vous contraindre les femmes à donner la vie par échec, par erreur, par oubli ? Est-ce que le progrès de la science n'est pas précisément de barrer la route à l'échec, de faire échec à l'échec, de réparer l'oubli, de réparer l'erreur ? C'est cela, me semble-t-il, le progrès. *C'est barrer la route à la fatalité et, par conséquence, à la fatalité physiologique.*

J'ai tenu à ce que vous entendiez ici une mère célibataire. Le tribunal, je l'espère, aura été ému par ce témoignage. Il y a ici des filles, des jeunes filles qui, elles, vont jusqu'au bout de leur grossesse pour des raisons complexes, mais disons, parce qu'elles respectent la loi, ce fameux article 317. Elles vont jusqu'au bout.

Que fait-on pour elles? On les traite de putains. On leur enlève leurs enfants, on les oblige, la plupart du temps, à les abandonner; on leur prend 80% de leur salaire, on ne se préoccupe pas du fait qu'elles sont dans l'obligation d'abandonner leurs études. C'est une véritable répression qui s'abat sur les mères célibataires. Il y a là une incohérence au plan de la loi elle-même.

J'en arrive à ce qui me paraît le plus important dans la condamnation de cette loi. Cette loi, Messieurs, elle ne peut pas survivre et, si l'on m'écoutait, elle ne pourrait pas survivre une seconde de plus : pourquoi? Pour ma part, je pourrais me borner à dire : parce qu'elle est contraire, fondamentalement, à la liberté de la femme, cet être, depuis toujours opprimé. La femme était esclave disait Bebel, avant même que l'esclavage fût né. Quand le christianisme devint une religion d'État, la femme devint le «démon», la «tentatrice». Au Moyen Âge, la femme n'est rien. La femme du serf n'est même pas un être humain. C'est une bête de somme. Et malgré la Révolution où la femme émerge, parle, tricote, va aux barricades, on ne lui reconnaît pas la qualité d'être humain à part entière. Pas même le droit de vote. Pendant la Commune, aux canons, dans les assemblées, elle fait merveille. Mais une Louise Michel et une Hortense David ne changeront pas fondamentalement la condition de la femme.

Quand la femme, avec l'ère industrielle, devient travailleur, elle est bien sûr – nous n'oublions pas cette analyse fondamentale – exploitée comme les autres travailleurs.

Mais à l'exploitation dont souffre le travailleur, s'ajoute un coefficient de surexploitation de la femme par l'homme, et cela dans toutes les classes.

La femme est plus qu'exploitée. Elle est surexploitée. Et l'oppression – Simone de Beauvoir le disait tout à l'heure à la barre – n'est pas seulement celle de l'économie.

Elle n'est pas seulement celle de l'économie, parce que les choses seraient trop simples, et on aurait tendance à schématiser, à rendre plus globale une lutte qui se doit, à un certain moment, d'être fractionnée. L'oppression est dans la décision vieille de plusieurs siècles de soumettre la femme à l'homme. « Ménagère ou courtisane », disait d'ailleurs Proudhon qui n'aimait ni les juifs ni les femmes. Pour trouver le moyen de cette soumission, Messieurs, comment faire ? Simone de Beauvoir vous l'a très bien expliqué. On fabrique à la femme un destin : un destin biologique, un destin auquel aucune d'entre nous ne peut ou n'a le droit d'échapper. Notre destin à toutes, ici, c'est la maternité. Un homme se définit, existe, se réalise, par son travail, par sa création, par l'insertion qu'il a dans le monde social. Une femme, elle, ne se définit que par l'homme qu'elle a épousé et les enfants qu'elle a eus.

Telle est l'idéologie de ce système que nous récusons.

Savez-vous, Messieurs, que les rédacteurs du Code civil, dans leur préambule, avaient écrit ceci et c'est tout le destin de la femme : « La femme est donnée à l'homme pour qu'elle fasse des enfants… Elle est donc sa propriété comme l'arbre à fruits est celle du jardinier. » *Certes, le Code civil a changé, et nous nous en réjouissons. Mais il est un point fondamental, absolument fondamental sur lequel la femme reste opprimée, et il faut, ce soir, que vous fassiez l'effort de nous comprendre.*

Nous n'avons pas le droit de disposer de nous-mêmes.

S'il reste encore au monde un serf, c'est la femme, c'est la serve, puisqu'elle comparaît devant vous, Messieurs, quand elle n'a pas obéi à votre loi, quand elle avorte. Comparaître devant vous. N'est-ce pas déjà le signe le plus certain de notre oppression ? Pardonnez-moi, Messieurs, mais j'ai décidé de tout dire ce soir. Regardez-vous et regardez-nous. Quatre femmes comparaissent devant quatre hommes… Et pour parler de quoi ? De sondes, d'utérus, de ventres, de grossesses, et d'avortements !

Croyez-vous que l'injustice fondamentale et intolérable n'est pas déjà là ?

Ces quatre femmes devant ces quatre hommes !

Ne croyez-vous pas que c'est là le signe de ce système oppressif que subit la femme ? Comment voulez-vous que ces femmes puissent avoir envie de faire passer tout ce qu'elles ressentent jusqu'à vous ? Elles ont tenté de le faire, bien sûr, mais quelle que soit votre bonne volonté pour les comprendre – et je ne la mets pas en doute – elles ne peuvent pas le faire. Elles parlent d'elles-mêmes, elles parlent de leur corps, de leur condition de femmes, et elles en parlent à quatre hommes qui vont tout à l'heure les juger. Cette revendication élémentaire, physique, première, disposer de nous-mêmes, disposer de notre corps, quand nous la formulons, nous la formulons auprès de qui ? Auprès d'hommes. C'est à vous que nous nous adressons.

Nous vous disons : « Nous, les femmes, nous ne voulons plus être des serves. »

Est-ce que vous accepteriez, vous, Messieurs, de comparaître devant des tribunaux de femmes parce que vous auriez disposé de votre corps ? Cela est démentiel !

Accepter que nous soyons à ce point aliénées, accepter que nous ne puissions pas disposer de notre corps, ce serait accepter, Messieurs, que nous soyons de véritables boîtes, des réceptacles dans lesquels on sème par surprise, par erreur, par ignorance, dans lesquels on sème un spermatozoïde. Ce serait accepter que nous soyons des bêtes de reproduction sans que nous ayons un mot à dire.

L'acte de procréation est l'acte de liberté par excellence. La liberté entre toutes les libertés, la plus fondamentale, la plus intime de nos libertés. Et personne, comprenez-moi, Messieurs, personne n'a jamais pu obliger une femme à donner la vie quand elle a décidé de ne pas le faire.

En jugeant aujourd'hui, vous allez vous déterminer à l'égard de l'avortement et à l'égard de cette loi et de cette répression, et surtout, vous ne devrez pas esquiver la question qui est fondamentale. Est-ce qu'un être humain, quel que soit son sexe, a le droit de disposer de lui-même ? Nous n'avons plus le droit de l'éviter.

J'en ai terminé et je prie le tribunal d'excuser la longueur de mes explications. Je vous dirai seulement encore deux mots : a-t-on encore, aujourd'hui, le droit, en France, dans un pays que l'on dit « civilisé », de condamner des femmes pour avoir disposé d'elles-mêmes ou pour avoir aidé l'une d'entre elles à disposer d'elle-même ? Ce jugement, Messieurs, vous le savez – je ne fuis pas la difficulté, et c'est pour cela que je parle de courage – ce jugement de relaxe sera irréversible et, à votre suite, le législateur s'en préoccupera. Nous vous le disons, il faut le prononcer, parce que nous, les femmes, nous, la moitié de l'humanité, nous sommes mises en marche. Je crois que nous n'accepterons plus que se perpétue cette oppression.

Messieurs, il vous appartient aujourd'hui de dire que l'ère d'un monde fini commence. »

343 SIGNATURES POUR LA CAUSE DES FEMMES

« Un million de femmes se font avorter chaque année en France. Elles le font dans des conditions dangereuses en raison de la clandestinité à laquelle elles sont condamnées,

alors que cette opération, pratiquée sous contrôle médical, est des plus simples. On fait le silence sur ces millions de femmes. Je déclare que je suis l'une d'elles. Je déclare avoir avorté. De même que nous réclamons le libre accès aux moyens anticonceptionnels, nous réclamons l'avortement libre. » Ce texte, rédigé par Simone de Beauvoir et signé par 343 femmes pour la plupart célèbres – l'actrice Catherine Deneuve, l'écrivaine Marguerite Duras, la cinéaste Agnès Varda, entre autres – est publié dans *Le Nouvel Observateur* du 5 avril 1971 et connaît un retentissement considérable. La semaine suivante, le dessinateur Cabu s'interroge en couverture de *Charlie Hebdo* : *« Qui a engrossé les 343 salopes du manifeste sur l'avortement ? »* La formule restera, contribuant à inscrire le « Manifeste des 343 salopes » comme une étape essentielle dans la lutte pour la légalisation de l'avortement. Cette même année 1971, Simone de Beauvoir et Gisèle Halimi, signataires du manifeste, fondent avec le médecin Jacques Monod et le biologiste Jean Rostand l'association Choisir la cause des femmes qui s'est engagée du côté des inculpées dans le procès de Bobigny. L'association continuera de militer pour l'égalité professionnelle des femmes et pour une participation équitable des femmes dans la vie publique par la parité. Le 3 février 1973, paraît dans *Le Nouvel Observateur* le « Manifeste des 331 », une pétition signée par 331 médecins revendiquant avoir pratiqué des avortements malgré l'interdiction de la loi française.

L'AVOCATE QUI FAISAIT **CHANGER LES LOIS**

À l'âge de 11 ans, Gisèle Halimi se rebellait déjà contre l'injuste différence de traitement entre ses frères et elle au sein d'une famille judéo-arabe traditionnaliste et pratiquante. La jeune Tunisienne luttera pour son émancipation en faisant la grève de la faim et en accomplissant de brillantes études. Elle obtient ses diplômes de philosophie et de droit à Paris et entre au barreau de Tunis en 1949 à 22 ans. En tant qu'avocate, elle souffre encore de l'inégalité entre les sexes, ce qui ne l'empêche pas de prendre en charge des dossiers très complexes et de plaider devant les tribunaux militaires. Elle commence par défendre des indépendantistes algériens et tunisiens, dénonçant les tortures pratiquées par l'armée française. À partir de 1956, elle poursuit sa carrière à Paris et devient l'une des principales avocates du Front de libération national algérien. En 1967, elle préside la Commission d'enquête du tribunal Russel sur les crimes de guerre au Vietnam. Elle s'illustre dans la défense de Djamila Boupacha, jeune militante indépendantiste algérienne, torturée et violée par des soldats français. Elle publie un livre, coécrit avec Simone de Beauvoir, que va lire la mère de Marie-Claire Chevalier et qui l'incitera à prendre contact avec l'avocate. En 1978, elle défend deux lesbiennes victimes d'un viol collectif. Là encore, comme à Bobigny, le procès contribuera à faire changer la loi qui définit désormais le viol comme un crime. Dans les années 1980, elle entama une carrière politique et entra à l'Assemblée nationale, où elle intervint pour l'abolition de la peine de mort, contre la prolifération des centrales nucléaires et lutta pour les droits des femmes et la parité.

SIMONE VEIL

– LA LÉGALISATION DE L'AVORTEMENT –

Les mouvements militants pour le droit des femmes, tels que le Planning familial fondé en 1956, les revendications de Mai 68, puis les manifestes signés par des femmes ayant eu recours à l'avortement et par des médecins l'ayant pratiqué, ainsi que le fameux « procès de Bobigny » ont imposé au débat la légalisation de l'avortement. Lorsque, en 1974, Valéry Giscard d'Estaing est élu à la présidence de la République, il ne peut esquiver la question. C'est à Simone Veil, ministre de la Santé, que revient la tâche de superviser la préparation d'un projet de loi. Elle confiera plus tard : « *Je présentais le triple défaut d'être une femme, d'être favorable à la légalisation de l'avortement et, enfin, d'être juive.* » La ministre se fera injuriée dans la rue, verra l'entrée de son immeuble se couvrir de croix gammées. Mais elle recevra aussi de nombreux témoignages de reconnaissance. Le 26 novembre 1974, Simone Veil monte à la tribune de l'Assemblée nationale pour présenter le projet de loi sur l'interruption volontaire de grossesse (IVG) visant à dépénaliser l'avortement. Son discours durera une heure au cours de laquelle elle rappelle que 300 000 femmes recourent chaque année

clandestinement à l'avortement, que ces citoyennes, ainsi que des médecins sont donc contraints à l'illégalité par une loi qui ne peut plus être respectée compte tenu de l'évolution de la société. La ministre reste prudente : selon l'esprit de la nouvelle loi, l'interruption volontaire de grossesse devra demeurer « une exception », réservée à des femmes en « situation de détresse » ; entre autres mesures dissuasives, elle ne sera pas remboursée par la Sécurité sociale. La ministre rassure ses interlocuteurs en affirmant que ni l'IVG ni la contraception ne font baisser la natalité des pays qui les autorisent et conclut en posant l'avortement comme un véritable problème de société. À l'issue de ce discours, les débats dureront vingt-cinq heures ! Certains députés de droite se révèleront abjects, comparant l'IVG à une pratique digne des nazis, diffusant dans l'hémicycle le son des battements de cœur d'un fœtus. Mais le 29 novembre à 3 heures du matin, le projet de loi est adopté par 284 voix contre 189 ; le texte entre en vigueur le 17 janvier 1975 et sera désormais surnommé la « loi Veil ».

La loi Aubry de juillet 2001 assouplira les délais prévus par la « loi Veil », puis le 23 juillet 2014, la « loi pour l'égalité réelle entre les hommes et les femmes », défendue par la ministre du Droit des femmes Najat Vallaud-Belkacem, supprimera la condition de « situation de détresse », prônant que « l'IVG est un droit à part entière et pas une simple tolérance assortie de conditions ».

DISCOURS À L'ASSEMBLÉE NATIONALE À PARIS, FRANCE
26 NOVEMBRE 1974

« Monsieur le président, mesdames, messieurs, si j'interviens aujourd'hui à cette tribune, ministre de la Santé, femme et non parlementaire, pour proposer aux élus de la nation une profonde modification de la législation sur l'avortement, croyez bien que c'est avec un profond sentiment d'humilité devant la difficulté du problème, comme devant l'ampleur des résonances qu'il suscite au plus intime de chacun des Français et des Françaises, et en pleine conscience de la gravité des responsabilités que nous allons assumer ensemble.

Mais c'est aussi avec la plus grande conviction que je défendrai un projet longuement réfléchi et délibéré par l'ensemble du gouvernement, un projet qui, selon les termes mêmes du président de la République, a pour objet de « mettre fin à une situation de désordre et d'injustice et d'apporter une solution mesurée et humaine à un des problèmes les plus difficiles de notre temps ».

[...] Nous sommes arrivés à un point où, en ce domaine, les pouvoirs publics ne peuvent plus éluder leurs responsabilités. Tout le démontre : les études et les travaux menés depuis plusieurs années, les auditions de votre commission, l'expérience des autres pays européens. Et la plupart d'entre vous le sentent, qui savent qu'on

ne peut empêcher les avortements clandestins et qu'on ne peut non plus appliquer la loi pénale à toutes les femmes qui seraient passibles de ses rigueurs.

Pourquoi donc ne pas continuer à fermer les yeux ? Parce que la situation actuelle est mauvaise. Je dirai même qu'elle est déplorable et dramatique.

Elle est mauvaise parce que la loi est ouvertement bafouée, pire même, ridiculisée. Lorsque l'écart entre les infractions commises et celles qui sont poursuivies est tel qu'il n'y a plus à proprement parler de répression, c'est le respect des citoyens pour la loi, et donc l'autorité de l'État, qui sont mis en cause.

Lorsque les médecins, dans leurs cabinets, enfreignent la loi et le font connaître publiquement, lorsque les parquets, avant de poursuivre, sont invités à en référer dans chaque cas au ministère de la Justice, lorsque des services sociaux d'organismes publics fournissent à des femmes en détresse les renseignements susceptibles de faciliter une interruption de grossesse, lorsque, aux mêmes fins, sont organisés ouvertement et même par charter des voyages à l'étranger, alors je dis que nous sommes dans une situation de désordre et d'anarchie qui ne peut plus continuer.

[…] Si des médecins, si des personnels sociaux, si même un certain nombre de citoyens participent à ces actions illégales, c'est bien qu'ils s'y sentent contraints ; en opposition parfois avec leurs convictions personnelles, ils se trouvent confrontés à des

situations de fait qu'ils ne peuvent méconnaître. Parce qu'en face d'une femme décidée à interrompre sa grossesse, ils savent qu'en refusant leur conseil et leur soutien ils la rejettent dans la solitude et l'angoisse d'un acte perpétré dans les pires conditions, qui risque de la laisser mutilée à jamais. Ils savent que la même femme, si elle a de l'argent, si elle sait s'informer, se rendra dans un pays voisin, ou même en France dans certaines cliniques, et pourra, sans encourir aucun risque ni aucune pénalité, mettre fin à sa grossesse. Et ces femmes, ce ne sont pas nécessairement les plus immorales ou les plus inconscientes. Elles sont 300 000 chaque année. Ce sont celles que nous côtoyons chaque jour et dont nous ignorons la plupart du temps la détresse et les drames.

C'est à ce désordre qu'il faut mettre fin. C'est cette injustice qu'il convient de faire cesser. Je le dis avec toute ma conviction : l'avortement doit rester l'exception, l'ultime recours pour des situations sans issue. Mais comment le tolérer sans qu'il perde ce caractère d'exception, sans que la société paraisse l'encourager ?

Je voudrais tout d'abord vous faire partager une conviction de femme – je m'excuse de le faire devant cette Assemblée presque exclusivement composée d'hommes : aucune femme ne recourt de gaieté de cœur à l'avortement. Il suffit d'écouter les femmes. C'est toujours un drame et cela restera toujours un drame. C'est pourquoi, si le projet qui vous est présenté tient compte de la situation de fait existante, s'il admet la possibilité d'une interruption de grossesse, c'est pour la contrôler et, autant que possible, en dissuader la femme.

[...] Actuellement, celles qui se trouvent dans cette situation de détresse, qui s'en préoccupe ? La loi les rejette non seulement dans l'opprobre, la honte et la solitude, mais aussi dans l'anonymat et l'angoisse des poursuites. Contraintes de cacher leur état, trop souvent elles ne trouvent personne pour les écouter, les éclairer et leur apporter un appui et une protection.

Parmi ceux qui combattent aujourd'hui une éventuelle modification de la loi répressive, combien sont-ils ceux qui se sont préoccupés d'aider ces femmes dans leur détresse ? Combien sont-ils ceux qui au-delà de ce qu'ils jugent comme une faute, ont su manifester aux jeunes mères célibataires la compréhension et l'appui moral dont elles avaient grand besoin ?

[...] Ainsi, conscient d'une situation intolérable pour l'État et injuste aux yeux de la plupart, le gouvernement a renoncé à la voie de la facilité, celle qui aurait consisté à ne pas intervenir. C'eût été cela le laxisme. Assumant ses responsabilités, il vous soumet un projet de loi propre à apporter à ce problème une solution à la fois réaliste, humaine et juste.

Certains penseront sans doute que notre seule préoccupation a été l'intérêt de la femme, que c'est un texte qui a été élaboré dans cette seule perspective. Il n'y est guère question ni de la société ou plutôt de la nation, ni du père de l'enfant à naître et moins encore de cet enfant.

[...] Tout laisse à penser que l'adoption du projet de loi n'aura que peu d'effets sur le niveau

de la natalité en France, les avortements légaux remplaçant en fait les avortements clandestins, une fois passée une période d'éventuelles oscillations à court terme. Il n'en reste pas moins que la baisse de notre natalité, si elle est indépendante de l'état de la législation sur l'avortement, est un phénomène inquiétant, à l'égard duquel les pouvoirs publics ont l'impérieux devoir de réagir.

[...] Le second absent dans ce projet pour beaucoup d'entre vous sans doute, c'est le père. La décision de l'interruption de grossesse ne devrait pas, chacun le ressent, être prise par la femme seule, mais aussi par son mari ou son compagnon. Je souhaite, pour ma part, que dans les faits il en soit toujours ainsi et j'approuve la commission de nous avoir proposé une modification en ce sens ; mais, comme elle l'a fort bien compris, il n'est pas possible d'instituer en cette matière une obligation juridique.

Enfin, le troisième absent, n'est-ce pas cette promesse de vie que porte en elle la femme ? Je me refuse à entrer dans les discussions scientifiques et philosophiques dont les auditions de la commission ont montré qu'elles posaient un problème insoluble. Plus personne ne conteste maintenant que, sur un plan strictement médical, l'embryon porte en lui définitivement toutes les virtualités de l'être humain qu'il deviendra. Mais il n'est encore qu'un devenir, qui aura à surmonter bien des aléas avant de venir à terme, un fragile chaînon de la transmission de la vie.

[...] En préparant le projet qu'il vous soumet aujourd'hui, le gouvernement s'est fixé un triple

objectif : faire une loi réellement applicable; faire une loi dissuasive; faire une loi protectrice.

[…] Or, si le législateur est appelé à modifier les textes en vigueur, c'est pour mettre fin aux avortements clandestins qui sont le plus souvent le fait de celles qui, pour des raisons sociales, économiques ou psychologiques, se sentent dans une telle situation de détresse qu'elles sont décidées à mettre fin à leur grossesse dans n'importe quelles conditions. C'est pourquoi, renonçant à une formule plus ou moins ambiguë ou plus ou moins vague, le gouvernement a estimé préférable d'affronter la réalité et de reconnaître qu'en définitive la décision ultime ne peut être prise que par la femme.

[…] Ce n'est pas un paradoxe que de soutenir qu'une femme sur laquelle pèse l'entière responsabilité de son geste hésitera davantage à l'accomplir que celle qui aurait le sentiment que la décision a été prise à sa place par d'autres.

Le gouvernement a choisi une solution marquant clairement la responsabilité de la femme parce qu'elle est plus dissuasive au fond qu'une autorisation émanant d'un tiers qui ne serait ou ne deviendrait vite qu'un faux-semblant.

Ce qu'il faut, c'est que cette responsabilité, la femme ne l'exerce pas dans la solitude ou dans l'angoisse.

Tout en évitant d'instituer une procédure qui puisse la détourner d'y avoir recours, le projet prévoit donc diverses consultations qui doivent la conduire à mesurer toute la gravité de la décision qu'elle se propose de prendre.

[...] Tout d'abord, l'interruption de grossesse ne peut être que précoce, parce que ses risques physiques et psychiques, qui ne sont jamais nuls, deviennent trop sérieux après la fin de la dixième semaine qui suit la conception pour que l'on permette aux femmes de s'y exposer.

[...] Il ne faut pas dissimuler que le respect de ces dispositions que le gouvernement juge essentielles, et qui restent sanctionnées par les pénalités prévues à l'article 317 du Code pénal maintenues en vigueur à cet égard, implique une sérieuse remise en ordre que le gouvernement entend mener à bien. Il sera mis fin à des pratiques qui ont reçu récemment une fâcheuse publicité et qui ne pourront plus être tolérées dès lors que les femmes auront la possibilité de recourir légalement à des interventions accomplies dans de réelles conditions de sécurité.

De même, le gouvernement est décidé à appliquer fermement les dispositions nouvelles qui remplaceront celles de la loi de 1920 en matière de propagande et de publicité. Contrairement à ce qui est dit ici ou là, le projet n'interdit pas de donner des informations sur la loi et sur l'avortement; il interdit l'incitation à l'avortement par quelque moyen que ce soit car cette incitation reste inadmissible.

[...] Je voudrais enfin expliquer l'option prise par le gouvernement, qui a été critiquée par certains, sur le non-remboursement de l'interruption de grossesse par la Sécurité sociale.

Lorsque l'on sait que les soins dentaires, les vaccinations non obligatoires, les verres correcteurs ne sont pas ou sont encore très incomplètement remboursés par la Sécurité sociale, comment faire comprendre que l'interruption de grossesse soit, elle, remboursée ? Si l'on s'en tient aux principes généraux de la Sécurité sociale, l'interruption de grossesse, lorsqu'elle n'est pas thérapeutique, n'a pas à être prise en charge. Faut-il faire exception à ce principe ? [...]

Rares sont les femmes qui ne désirent pas d'enfant ; la maternité fait partie de l'accomplissement de leur vie et celles qui n'ont pas connu ce bonheur en souffrent profondément. Si l'enfant une fois né est rarement rejeté et donne à sa mère, avec son premier sourire, les plus grandes joies qu'elle puisse connaître, certaines femmes se sentent incapables, en raison de difficultés très graves qu'elles connaissent à un moment de leur existence, d'apporter à un enfant l'équilibre affectif et la sollicitude qu'elles lui doivent. À ce moment, elles feront tout pour l'éviter ou ne pas le garder. Et personne ne pourra les en empêcher. Mais les mêmes femmes, quelques mois plus tard, leur vie affective ou matérielle s'étant transformée, seront les premières à souhaiter un enfant et deviendront peut-être les mères les plus attentives. C'est pour celles-là que nous voulons mettre fin à l'avortement clandestin, auquel elles ne manqueraient pas de recourir, au risque de rester stériles ou atteintes au plus profond d'elles-mêmes.

J'en arrive au terme de mon exposé. Volontairement, j'ai préféré m'expliquer sur la philosophie générale du projet plutôt que sur le détail de ses dispositions que nous examinerons à loisir au cours de la discussion des articles.

Je sais qu'un certain nombre d'entre vous estimeront en conscience qu'ils ne peuvent voter ce texte, pas davantage qu'aucune loi faisant sortir l'avortement de l'interdit et du clandestin.

Ceux-là, j'espère les avoir au moins convaincus que ce projet est le fruit d'une réflexion honnête et approfondie sur tous les aspects du problème et que, si le gouvernement a pris la responsabilité de le soumettre au Parlement, ce n'est qu'après en avoir mesuré la portée immédiate aussi bien que les conséquences futures pour la nation.

[…] D'autres hésitent encore. Ils sont conscients de la détresse de trop de femmes et souhaitent leur venir en aide ; ils craignent toutefois les effets et les conséquences de la loi. À ceux-ci je veux dire que, si la loi est générale et donc abstraite, elle est faite pour s'appliquer à des situations individuelles souvent angoissantes ; que si elle n'interdit plus, elle ne crée aucun droit à l'avortement et que, comme le disait Montesquieu : « La nature des lois humaines est d'être soumise à tous les accidents qui arrivent et de varier à mesure que les volontés des hommes changent. Au contraire, la nature des lois de la religion est de ne varier jamais. Les lois humaines statuent sur le bien, la religion sur le meilleur. »

[…] Je sais que le problème dont nous débattons aujourd'hui concerne des questions infiniment plus graves et qui troublent beaucoup

plus la conscience de chacun. Mais en définitive il s'agit aussi d'un problème de société.

Je voudrais enfin vous dire ceci : au cours de la discussion, je défendrai ce texte, au nom du gouvernement, sans arrière-pensée, et avec toute ma conviction, mais il est vrai que personne ne peut éprouver une satisfaction profonde à défendre un tel texte – le meilleur possible à mon avis – sur un tel sujet : personne n'a jamais contesté, et le ministre de la Santé moins que quiconque, que l'avortement soit un échec quand il n'est pas un drame.

Mais nous ne pouvons plus fermer les yeux sur les 300 000 avortements qui, chaque année, mutilent les femmes de ce pays, qui bafouent nos lois et qui humilient ou traumatisent celles qui y ont recours.

L'histoire nous montre que les grands débats qui ont divisé un moment les Français apparaissent avec le recul du temps comme une étape nécessaire à la formation d'un nouveau consensus social, qui s'inscrit dans la tradition de tolérance et de mesure de notre pays.

Je ne suis pas de ceux et de celles qui redoutent l'avenir.

Les jeunes générations nous surprennent parfois en ce qu'elles diffèrent de nous ; nous les avons nous-mêmes élevées de façon différente de celle dont nous l'avons été. Mais cette jeunesse est courageuse, capable d'enthousiasme et de sacrifices comme les autres. Sachons lui faire confiance pour conserver à la vie sa valeur suprême. »

LA CINQUIÈME FEMME
DU PANTHÉON

Née dans une famille juive non pratiquante, Simone Veil doit changer son nom d'origine pendant l'Occupation, mais elle est arrêtée par les Allemands en 1944. À l'âge de 16 ans, elle est déportée au camp d'Auschwitz où meurent ses parents et son frère. Après la Libération, elle effectue des études de droit et entre dans la magistrature – ce qui n'a été permis aux femmes qu'en 1946. Magistrate au sein du ministère de la Justice, en 1960, Simone Veil est intervenue en faveur de Djamila Boupacha, jeune militante indépendantiste, défendue par l'avocate Gisèle Halimi, et a organisé le transfert vers la France d'autres prisonnières algériennes victimes de violences sexuelles. En 1974, elle est nommée ministre de la Santé, un poste qu'elle inaugure en faisait passer la loi légalisant l'IVG. Elle reconnaîtra toujours ce que cette avancée législative doit aux combats qui l'ont précédée, notamment à celui de Gisèle Halimi lors du procès de Marie-Claire deux ans plus tôt. En ce qui la concerne, cette mission ministérielle qui s'est révélée être une véritable épreuve lui vaudra d'incarner une figure emblématique du droit des femmes. De 1979 à 1982, Simone Veil devient la première présidente du Parlement européen, auquel elle donne plus de visibilité dans le domaine des droits de l'homme : elle soutiendra notamment Yvette Roudy dans la création d'une

Commission des droits de la femme. Après avoir repris ses fonctions de ministre en 1993 aux Affaires sociales, à la Santé et à la Ville, son parcours politique se poursuit au Conseil constitutionnel. Alors qu'elle soutient la candidature du futur président Nicolas Sarkozy en 2007, elle n'hésite pas cependant à critiquer « l'ambiguïté » de l'appellation du ministère de l'Immigration et de l'Identité nationale créé par le nouveau gouvernement.

Simone Veil meurt en juin 2017 ; l'année suivante, sa dépouille rejoint le Panthéon – elle est la cinquième femme à reposer parmi les « grands hommes »...

UN DROIT LOIN D'ÊTRE UNIVERSEL

La Déclaration universelle des droits de l'homme stipule que « *tout individu a droit à la vie, à la liberté et à la sûreté de sa personne* » et que « *nul ne sera soumis à la torture, ni à des peines ou traitements cruels, inhumains ou dégradants* ». Par ailleurs, en droit moderne, un nouveau-né n'acquiert de personnalité juridique qu'à sa naissance. Cependant, la Cour européenne ne se prononce pas sur le droit à l'avortement : c'est à chaque pays de choisir et, dernièrement, certains ont consulté la population par référendum pour trancher. En Irlande, par exemple, où recourir à l'avortement était passible d'une peine de prison à vie jusqu'en 2013, les Irlandais ont plébiscité sa légalisation en 2018. Par ailleurs, là où l'avortement est légal, il peut être remis en cause par les gouvernements successifs. C'est le cas de la Russie, pionnière de la légalisation en 1920, où l'avortement a été interdit sous Staline. Quant à l'actuel président des États-Unis, Donald Trump, il signait en 2018 un décret interdisant le financement d'ONG internationales soutenant l'avortement et annonçait son projet de supprimer le droit à l'IVG sur le territoire américain…

Enfin, dans certains pays du monde, les femmes sont très sévèrement punies quand elles ne mènent pas à terme une grossesse, même contre leur gré. Au Salvador, l'un des États les plus répressifs au monde en matière d'avortement, une IVG ou une fausse couche peuvent être, sans distinction, considérées comme des homicides passibles de dizaines d'années de prison. En février 2018, Teodora Vasquez était libérée après avoir passé onze années de sa vie derrière les barreaux : elle avait été condamnée pour « homicide aggravé » à trente ans d'incarcération alors qu'elle avait fait une fausse couche sur son lieu de travail. Vingt-sept Salvadoriennes sont aujourd'hui emprisonnées pour les mêmes raisons, victimes d'une législation draconienne.

INDIRA GANDHI

– L'ÉDUCATION DES FEMMES –

Indira Gandhi est devenue Première ministre de l'Inde en 1966 : elle se retrouvait ainsi à la tête de la plus grande démocratie du monde. Elle héritait sa vocation politique de son père, Pandit Nehru, qui avait œuvré à l'indépendance de l'Inde dont il a occupé la fonction de Premier ministre pendant près de vingt ans. Indira Gandhi poursuivait les mêmes objectifs que lui : faire de l'Inde une grande puissance moderne, tout en restant un pays « non-aligné », c'est-à-dire autonome par rapport aux blocs de l'Est et de l'Ouest. Elle a d'abord cherché à consolider une démocratie qu'elle concevait comme socialiste et laïque. Mais, au fil de ses mandats, elle s'est révélée de plus en plus autoritaire, voire dictatoriale, réduisant les libertés civiles, faisant élire un président faible, muselant l'opposition et la presse. Elle a entretenu la ferveur des masses populaires en abolissant les privilèges des maharadjas et des princes et, comme tous les dirigeants, par le biais de ses discours. Paradoxalement, dans un pays qui a porté une femme aux plus hautes fonctions, le droit des femmes et leur accès à l'éducation avait encore un long chemin à parcourir. Indira Gandhi, quant à elle, avait été élevée en grande partie en Europe et avait étudié à l'université d'Oxford

en Grande-Bretagne. Mais elle ne souhaitait pas pour autant importer un modèle d'éducation occidental en Inde : elle visait à concilier la tradition indienne, majoritairement liée à la religion hindoue, et une société « moderne », c'est-à-dire en perpétuelle évolution.

Dans ce discours prononcé à l'université des femmes d'Indraprastha, elle explique aux étudiantes que le privilège d'être éduquées les investit d'une mission : elles devront viser non pas seulement à être performantes dans leur profession à venir, mais aussi à faire évoluer leur pays. Ainsi, Indira Gandhi n'aborde pas la question de l'éducation des femmes pour revendiquer le droit des femmes à étudier, mais l'envisage de manière stratégique, comme un outil essentiel à la métamorphose de l'Inde. Dans le même temps, dans le contexte indien, confier aux femmes l'avenir du pays, les rendre responsables du destin du peuple, c'était mettre en question le traditionnel statut de la femme indienne, vénérée mais soumise…

DISCOURS À L'UNIVERSITÉ DES FEMMES D'INDRAPRASTHA, NEW DELHI, INDE
23 NOVEMBRE 1974

« *Un ancien proverbe sanscrit dit que la femme, c'est la maison, et la maison, la base de la société. Autrement dit, c'est en construisant nos maisons que nous pourrons construire notre pays. Si la maison est inadaptée – inadaptée par manque de biens matériels et d'équipements ou bien inadaptée en termes d'atmosphère, sans la bienveillance et l'amour qui permettent l'épanouissement de l'enfant –, alors ce pays n'atteindra pas l'harmonie. Or, un pays sans harmonie ne va nulle part.*

C'est pourquoi l'éducation des femmes est presque plus importante que l'éducation des garçons et des hommes. Nous – et par « nous », je n'entends pas seulement « nous en Inde », mais dans le monde entier – avons négligé l'éducation des femmes. On ne s'en préoccupe que depuis peu. Bien sûr, en ce qui me concerne, quand j'étais enfant, on parlait beaucoup des débuts de l'éducation des femmes en Angleterre. Tout le monde se souvenait de ces débuts.

[...] Aujourd'hui, l'accès à l'éducation est un acquis, mais le débat actuel qui divise le pays porte sur le fait de savoir si cette éducation est adaptée aux besoins de notre société et aux besoins de nos jeunes. Je fais partie de ceux qui pensent qu'il est toujours important de réformer le système éducatif en profondeur. Mais je pense aussi que tout n'est pas à jeter dans notre système, qu'il a produit des hommes et femmes de grande qualité, en particulier des scientifiques et des experts dans différents domaines, courtisés partout dans le monde, y compris dans les pays les plus développés. Beaucoup de nos jeunes quittent le pays et partent à l'étranger pour obtenir des salaires plus élevés, de meilleures conditions de travail.

[...] Notre pays est un pays très riche. Il est riche de sa culture, riche de ses traditions ancestrales comme de ses traditions plus récentes. Bien sûr, notre pays souffre également de maux importants, dont certains imprègnent la société. Parmi eux, la superstition, qui n'a cessé de se développer au cours des années, et qui s'impose parfois au détriment des pensées et des valeurs éternelles de l'Inde. Mais également la pauvreté matérielle dans laquelle vit une grande majorité d'entre nous, cette pauvreté qui entrave le développement de millions de jeunes garçons et de jeunes filles. Nous devons lutter contre ces maux, et c'est cette lutte que nous poursuivons depuis l'Indépendance.

[...] Comme je l'ai déjà dit, notre pays souffre de nombreux dysfonctionnements, tant au niveau gouvernemental qu'au sein de la société. Certains sont liés à nos traditions, car toutes ne sont pas nécessairement bonnes. Et l'une des plus grandes responsabilités des femmes éduquées aujourd'hui est de parvenir à opérer une synthèse entre, d'une part, les valeurs intemporelles de nos traditions anciennes et, d'autre part, ce que la modernité peut avoir de bénéfique et de précieux. Tout ce qui est moderne n'est pas nécessairement bon à prendre ; de même, tout ce qui est ancien n'est ni entièrement bon ni entièrement mauvais. Nous devons décider, non pas une fois pour toutes, mais au cas par cas, ce qui dans le moderne est bon et utile pour notre pays, et ce qui dans l'ancien peut être conservé et entériné. Qu'est-ce qu'être moderne ? Pour beaucoup, cela se résume à

une façon de s'habiller, de parler, ou à certains usages... Mais ce n'est pas vraiment cela être moderne. Ce n'est là que la part la plus superficielle de la modernité.

Prenons un exemple : lorsque je me suis coupé les cheveux, c'était lié à mon mode de vie. Nous étions tout le temps en mouvement. Il était tout simplement impossible d'avoir les cheveux longs et de se rendre constamment dans les villages pour les laver. Quand vous menez un certain style de vie, si vous voulez être efficace, vos vêtements mais aussi tous les aspects de votre quotidien doivent s'y conformer. Si vous devez vous déplacer dans des villages et que vous vous inquiétez de salir vos vêtements, alors il vous sera impossible de bien travailler. Il faut oublier ce genre de considérations. C'est pour cela que, peu à peu, les habitudes vestimentaires ont évolué dans certains pays, parce que le mode de vie lui-même évoluait. Est-ce que cela nous correspond ? Est-ce que nous le souhaitons ? Si oui, alors peut-être devons-nous adopter certains de ces changements, pas seulement parce que cela se passe ainsi dans d'autres pays, et peut-être même pour d'autres raisons. Mais peu importe le type de vêtements que nous portons. Ce qui est important, c'est notre manière de penser.

[...] Certains pensent que la seule manière d'avoir un impact ou de rendre service à la nation est d'accéder à de très hautes fonctions. Mais nous savons tous que même la plus complexe des machines sera inefficace si une seule de ses vis

ne fonctionne pas comme elle le devrait. Cette vis est aussi essentielle à la machine que n'importe lequel de ses rouages. Notre société fonctionne de la même manière. Aucun travail n'est inutile, personne n'est insignifiant. Tout le monde a un rôle à jouer. Et si chacun donne le meilleur, alors le pays pourra fonctionner.

Dans notre système de croyances fondé sur la superstition, nous pensons que certains types de travail sont sales. Balayer, par exemple, a pu être considéré comme un travail sale. Seule une certaine catégorie de personnes pouvait le faire ; les autres, non. Or nous avons découvert récemment que le fumier est l'un des biens les plus précieux dont le monde dispose aujourd'hui. De nombreuses économies mondiales vacillent devant la pénurie de fertilisant – pas seulement de fertilisants chimiques, mais aussi de fumier ordinaire – des choses qui sont traditionnellement considérées comme sales.

[...] Cela illustre le bel équilibre de notre monde, où toute chose a son pendant. Où toute chose, qu'elle soit sale ou petite, a un rôle. Nous, avec notre science et notre technologie, nous avons essayé – bien que ce n'ait pas été volontaire [de modifier cette situation] –, mais, d'une certaine manière, nous avons induit un déséquilibre. Et c'est ce déséquilibre qui perturbe les économies mondiales, mais également chaque individu.

Les gens se sentent déconnectés de leur société, pas seulement en Inde, mais dans pratiquement tous les pays du monde, sauf dans les pays qui ont pour seul objectif de conformer leurs habitants à une seule doctrine. On nous dit que dans ces pays, les gens sont très heureux, quoi qu'ils fassent. Si on leur demande de nettoyer les rues, peu importe qu'ils soient professeur, scientifique... ils doivent le faire, et on nous dit qu'ils sont heureux ainsi. Alors, s'ils sont heureux, très bien.

Mais je ne pense pas qu'en Inde nous puissions vivre dans un système où les gens sont forcés de faire des choses. Peut-être pourraient-ils y être forcés pendant vingt-cinq ans, peut-être cinquante, mais à un moment ou à un autre, il y aura une explosion. En Inde, nous autorisons de nombreuses petites explosions, car nous pensons que cela maintient la stabilité de la société tout en garantissant son progrès. Cela permet d'éviter une explosion chaotique qui pourrait retarder l'évolution et l'harmonie de notre pays.

***J'espère que vous toutes qui avez eu le grand privilège d'être éduquées ne vous contenterez pas de travailler à préserver les intérêts de la nation, mais que vous contribuerez à y apporter la paix et l'harmonie, à rendre belle la vie de notre peuple et de notre pays.** Je pense qu'il s'agit d'une responsabilité particulière pour les femmes en Inde. Nous voulons le meilleur pour notre pays, mais nous ne considérons jamais l'Inde comme isolée du reste du monde. Ce que nous voulons, c'est un monde meilleur. Nous devons donc regarder les problèmes de l'Inde dans une perspective plus large, à l'aune des problèmes du monde.*

C'est un grand bonheur pour moi d'être avec vous aujourd'hui. Je félicite chaleureusement celles qui réussissent déjà bien leurs études et offre tous mes vœux de réussite aux autres, en ayant la conviction qu'elles aussi obtiendront bientôt de bons résultats. Cette université a toujours eu une excellente réputation, mais nous devons toujours penser à faire mieux que ceux qui nous ont précédés. Alors, bonne chance et meilleurs vœux à toutes. »

DE LA « POUPÉE MUETTE » **À LA « MÈRE » AUTORITAIRE**

Indira Nehru est issue d'une famille militant pour l'indépendance de l'Inde : elle n'a que 4 ans quand, en 1921, son grand-père et ses parents sont emprisonnés pour raisons politiques. En 1926, la famille s'installe en Suisse, Indira étudie à Genève et voyage dans toute l'Europe. Trois ans plus tard, son père Jawaharlal Nehru prend la tête du Congrès national indien, organe indépendantiste, tandis que sa fille dirige la brigade des jeunes du Congrès : âgée de 12 ans, elle tient un premier discours devant des dizaines de milliers de personnes. L'Inde continue d'être traversée par une forte agitation politique liée à la lutte pour l'Indépendance, et Nehru est régulièrement emprisonné. Jusqu'aux années 1940, Indira vit entre l'Inde et l'Angleterre pour y accomplir ses études. En 1942, elle se marie avec Feroze Gandhi, militant indépendantiste lui aussi.

Tous deux prennent part au mouvement Quit India lancé par Nehru : ils sont emprisonnés par les autorités britanniques pendant plusieurs mois. Finalement, Nehru devient le Premier ministre de l'Inde le 15 août 1947, jour de l'Indépendance. Dès lors, Indira assiste son père en toutes occasions : on la surnomme la « poupée muette ». Mais ce rôle de second plan lui permet de faire ses armes en politique et d'être élue présidente du Congrès en 1959, puis ministre de l'Information à la mort de son père et, enfin, Premier ministre en 1966. Les politiques pensent alors qu'elle n'occupera ce poste que de manière transitoire, tandis que sa popularité s'accroît auprès du peuple qui la nomme « Indirima », la « mère de l'Inde ». Indira Gandhi suit la même ligne que son père, travaillant à une démocratie socialiste et laïque, et résistant à la pression des États-Unis – ce qui lui vaut d'être appelée « la vieille sorcière » de la part du président Nixon qui lui en veut d'avoir signé un traité de paix et de coopération avec l'URSS. En 1971, elle cumule les portefeuilles – l'Intérieur, le Plan, l'Information et l'Énergie atomique – s'engageant dans un pouvoir de plus en plus autoritaire. De grands rassemblements de protestation s'organisent et, en 1975, la Cour suprême invalide sa réélection à la fonction de Premier ministre. Elle réplique en proclamant l'état d'urgence et en s'octroyant des pouvoirs dictatoriaux de 1975 à 1977. Elle fait emprisonner les chefs des partis rivaux, fait couper l'électricité dans les bureaux de presse et les stations de télévision… Sûre de son autorité, elle réorganise des élections, mais n'est pas réélue. Elle est arrêtée et jugée par le gouvernement qui lui succède. Mais elle regagne en popularité, ce qui lui permet de revenir au pouvoir trois ans plus tard. En 1980, le pays est en proie à la misère et aux affrontements entre hindous et sikhs – une minorité indienne qui revendique son indépendance. C'est son échec à résoudre ce conflit qui conduit Indira Gandhi à une fin tragique. En juin 1984, elle ordonne à l'armée d'assaillir le Temple d'Or, un lieu sacré où sont réfugiés des militants sikhs. Des milliers de personnes sont massacrés. Le 31 octobre, Indira Gandhi est assassinée par ses propres gardes du corps, membres de la minorité sikh.

MALALA YOUSAFZAI : L'ÉDUCATION DES FEMMES COMME REMÈDE

En 2009, Malala Yousafzai, âgée de 11 ans, publie le *Journal d'une écolière pakistanaise* sur un blog de la BBC. Elle y dénonce les violences des talibans qui occupent sa région et incendient des écoles pour filles. Deux ans plus tard, le Premier ministre du Pakistan lui décerne le Prix national de la jeunesse pour la paix. Son engagement lui vaut d'être menacée de mort à plusieurs reprises et, en octobre 2012, alors qu'elle se rend à l'école, elle est victime d'un attentat perpétré par des talibans. Très grièvement blessée à la tête,

Malala Yousafzai recouvre la santé après plusieurs mois d'hospitalisation en Europe et ne renonce pas à son combat. Son histoire fait le tour du monde. À la fin de l'année 2012, l'Unesco et le Pakistan créent le Fonds Malala qui vise à scolariser tous les enfants du monde. Le 12 juillet 2013, elle prononce un discours lors de l'Assemblée des Nations unies pour la jeunesse qui confirme son statut d'icône du combat pour le droit à l'éducation, celle des filles notamment. Elle érige le pouvoir du savoir et de la réflexion contre celui des armes : « *Les extrémistes ont peur des livres et des stylos. La puissance de l'éducation leur fait peur. Les femmes leur font peur. La puissance de la voix des femmes leur fait peur.* » En 2014, à l'âge de 17 ans, Malala Yousafzai a reçu le Nobel de la paix, ce qui fait d'elle la plus jeune lauréate de l'histoire de ce prix.

LE « GANG DES SARIS ROSES » EN ACTION

Aujourd'hui encore, les femmes indiennes sont victimes d'un conflit entre certaines traditions principalement issues de l'hindouisme et les mutations de leur société. La tension entre tradition et « modernité » n'est pas résolue, comme l'appelait de ses vœux Indira Gandhi dans ce fameux discours de 1974.

Depuis le début du XIXe siècle, les discours sur l'égalité entre hommes et femmes sont pourtant présents en Inde et la Constitution, adoptée en 1949, garantit l'égalité des sexes, l'absence de discrimination par l'État, l'égalité de salaire à travail égal. En 1951, les femmes indiennes ont acquis le droit de vote. Mais du côté de l'éducation, les inégalités perdurent : en dehors des centres urbains, le taux d'alphabétisation des femmes n'est que de 46 %. Paradoxalement, l'Inde compte le plus grand nombre de femmes éduquées et qualifiées dans le monde : on y trouve davantage de femmes chirurgiennes et scientifiques que n'en comptent proportionnellement les États-Unis. En 2007, c'est une femme qui est élue présidente de la République, Pratibha Patil, très liée à la famille Nerhu-Gandhi. Depuis 2010, une loi garantit un tiers des sièges du Parlement aux femmes, mais seulement 10 % des parlementaires sont aujourd'hui des femmes.

Certaines traditions continuent de maintenir la plupart des femmes indiennes dans une situation inégalitaire que les immenses écarts entre riches et pauvres amplifient. En Inde, le mariage arrangé reste majoritaire malgré son interdiction depuis 1860 et 70 % des Indiennes sont mariées avant l'âge de 18 ans. Or, le mariage implique une dot colossale versée par la famille de la mariée, bien que cette pratique soit illégale depuis 1961. Donner naissance à une fille est toujours considéré comme une malédiction par certaines familles : *« éduquer sa fille, c'est comme arroser une plante dans le jardin de son voisin »* est un dicton révélateur à cet égard. Des milliers de jeunes femmes perdent la vie dans de troubles circonstances à cause de l'incapacité de leur famille à s'en acquitter. Des associations de défense des droits humains ne cessent de dénoncer les violences dont sont victimes les Indiennes : infanticides de petites filles, violences conjugales et viols. Depuis les années 1970, des Indiennes se mobilisent pour l'instauration de lois sociales visant à les protéger... C'est seulement en 2005 qu'une loi a interdit toute forme de violence à l'égard des femmes. Le problème reste aussi de faire appliquer la loi.

En 2006, Sampat Pal Devi a fondé le Gulabi Gang, le Gang des saris roses. Mariée à 9 ans, cette femme issue des plus basses castes de la société, a créé un groupe d'autodéfense dans son village. Sa mission : raisonner les hommes violents, voire même les battre en public ! Le Gang des saris roses n'hésite pas non plus à faire pression sur les magistrats et les policiers afin qu'ils sanctionnent justement les viols et violences domestiques. Régulièrement invitée dans les débats internationaux, Sampat Pal Devi est devenue l'emblème de l'Indienne rebelle et mondialisée.

LOUISE WEISS

– L'EUROPE –

Le 17 juillet 1979 se tenait la séance inaugurale du Parlement européen, élu pour la première fois au suffrage universel. Le discours d'ouverture revenait à une femme de 86 ans, arborant cheveux blancs, robe noire et ruban rouge de la Légion d'honneur : Louise Weiss était la doyenne des députés européens. Mais l'on pourrait arguer de bien d'autres raisons légitimant l'hommage qui lui était ainsi rendu. D'origine alsacienne, elle était convaincue, dès son plus jeune âge, de la nécessité de la réconciliation franco-allemande, seul moyen d'assurer la paix en Europe. Journaliste précoce, elle avait sillonné l'Europe en tous sens et s'était toujours passionnée pour les relations internationales. Après la Première Guerre mondiale, elle avait assisté le ministre des Affaires étrangères Aristide Briand lors de ses conférences à l'étranger et relayé sa politique de rapprochement franco-allemand dans sa revue intitulée *L'Europe nouvelle*. Dès les années 1920, elle y défendait un projet d'« union fédérale européenne », un marché commun, une monnaie unique et une culture européenne commune... Ainsi, Louise Weiss est bien une pionnière dans le combat qui a mené à la construction de l'Europe. En 1968, c'est sous le titre *Mémoires d'une Européenne*

qu'elle publie le premier tome de sa biographie. Trois ans plus tard, elle crée à Strasbourg l'Institut des sciences de la paix, ainsi que la fondation Louise Weiss qui récompense les personnalités ayant contribué activement à l'unité européenne. Alors que l'histoire ne parle que des « pères de l'Europe », le chancelier allemand Helmut Schmidt l'avait chaleureusement surnommée « la grand-mère de l'Europe ».

En prononçant cette allocution, Louise Weiss avait le sentiment d'avoir accompli, au soir de sa vie, une *« vocation de jeunesse »*. En l'acceptant, elle avait parlé d'*« une volupté qu'elle ne laisserait pour rien au monde... »*, et cette délectation est perceptible au fil de *« cette allocution si peu conforme aux usages »*, sans doute par la charge affective et l'humour dont l'oratrice a eu l'audace de la nourrir.

DISCOURS AU PARLEMENT EUROPÉEN, STRASBOURG, FRANCE **17 JUILLET 1979**

« Mesdames et Messieurs
les Élus de l'Europe,

Les étoiles du destin et les chemins de l'écriture m'ont menée à cette tribune pour y vivre, Présidente d'un jour, un honneur dont je n'aurais jamais osé rêver et une joie – la joie la plus forte que puisse éprouver une créature au soir de son existence –, la joie d'une vocation de jeunesse miraculeusement accomplie.

[...] Il me semble, en cette minute, n'avoir traversé le siècle et sillonné le monde que pour venir à votre rencontre en amoureuse de l'Europe et pour tâcher de formuler avec votre approbation les angoisses et les espérances qui tourmentent, qui soulèvent votre conscience collective.

[…] Les enfants, demain ! Qui pense foyer, petit ou grand – et le foyer européen est immense –, évoque, ne serait-ce que par un rayon de bibliothèque, le culte des anciens. Proches, ceux-ci nous sont familiers. Lointains, ils surgissent, magistraux, des brumes de l'histoire.

[…] Les droits de l'homme : honte aux camps de concentration, aux hôpitaux psychiatriques pour fous qui ne le sont pas, aux juges en cagoule condamnant des inculpés aux yeux bandés. Honte aux génocides qui endeuillent la terre, et ce, j'ose dire, en toute liberté. Mais reprenons le fil de l'histoire à Karl Marx, protagoniste de l'amélioration de la condition ouvrière. […] Il n'a pas survolé, reliés par des autoroutes fourmillantes de véhicules, les milliers de pavillons, d'écoles, d'hôpitaux, d'instituts d'assurances ou de recherches révélant le souci qui joint les travailleurs que nous sommes tous, à savoir que chaque Européen puisse vivre au mieux, ses déficiences de toute nature étant prises en charge par la collectivité. […] Passons. Référence et révérence à Victor Hugo. Dès 1849, présidant un congrès de la Paix réuni à Paris, il proclama son espoir en une union européenne dont l'idée avait pris forme en France sitôt les défaites de Napoléon.

Je cite : « Vous aurez encore bien des différends à régler, des intérêts à débattre, des contestations à résoudre, mais savez-vous ce que vous mettrez à la place des hommes d'armes, des canons, des lances, des piques, des épées ? Vous mettrez une petite boîte en sapin que vous appellerez l'urne du scrutin. »

Marguerite Hugo, la petite fille de Victor, était ma camarade de classe.

Alors, parmi les éclatants des fils de Zeus et de la nymphe Europe, j'appellerai mes contemporains qui, pour maints d'entre vous, font déjà figure d'anciens.

Entrez dans notre Panthéon, ô vous, les patriarches de la Cour de justice de la Haye que j'ai connus vieillissant dans leur auréole de prestige. Entrez, les promoteurs de la Société des nations, pionniers d'une fédération européenne dont le texte fut dépecé entre de multiples commissions, comités, sous-comités, colloques et séminaires – ces hauts lieux de l'impuissance internationale.

[...] Entrez Aristide Briand. J'entends encore les orgues de votre voix. Je me souviens de votre démarche féline, de votre chevelure d'argent et de votre mégot qui fumait continuellement à la commissure de vos lèvres, trompant sur la majesté de l'État dont il ne vous déplaisait pas de rayonner soudain. En 1931, à Berlin, je traduisis la phrase que le chancelier Brüning vous adressa, après une réunion décevante, dans un couloir que les interprètes officiels avaient déserté. « Dites à Monsieur le Président Briand, que faute

d'une immédiate entente franco-allemande, il se déchaînera ici, contre la civilisation, des événements qu'il ne peut imaginer. » *En sa bénévolence de Celte rêveur et confiant en la nature humaine par tradition socialiste, Aristide Briand ne comprit pas son interlocuteur.*

[...] Entrez, Robert Schuman et Jean Monnet. Robert Schuman le clarificateur laconique des contradictions internes de notre continent. Guillaume le Taciturne, de notre Hollande, paraissait continuellement vous enseigner qu'il n'était point nécessaire d'espérer pour entreprendre, ni de réussir pour persévérer. Jean Monnet ! La Faucheuse qui nous guette tous vient de vous emporter. Je vous avais rencontré à Bordeaux, en 1914, inconnu mais déjà juvénilement prophétique.

[...] Et revenez parmi nous, Albert Einstein, suivi d'un cortège d'autres éminents réfugiés.

[...] Mesdames et Messieurs les Élus de l'Europe, levez-vous, je vous prie, et recueillons-nous en l'honneur de nos héros. Observons une minute de silence.

Toutefois, que le culte de nos anciens ne sclérose pas notre action et n'occulte pas nos regards fixés sur l'avenir. Redoutons de devenir les classiques de nous-mêmes. L'histoire avance. Les conjonctures se renouvellent. Ce qui était impossible hier sera possible demain. D'ailleurs, vous ne partez pas d'une table rase. Sur des ruines encore chaudes, dès 1946, Winston Churchill de notre Grande-Bretagne exprimait le vœu que se reconstituât la famille européenne. Dès les années cinquante, il était apparu, à la suite de la déclaration du 9 mai de Robert Schuman, à six de nos États les plus industrialisés, qu'un marché commun à base d'union douanière et de compensations financières élèverait le niveau de vie, tant de leurs producteurs que de leurs consommateurs. Les Six du Marché commun et des patries signaient donc les extraordinaires traités de Paris en 1951 et de Rome en 1957. [...] Les Six sont devenus neuf. Ils seront dix, rondement, toutes parties prenantes des organismes de consultation, de décision et d'exécution qui œuvrent actuellement dans cette ville même à Bruxelles, et au Luxembourg. Sans ces institutions, sans l'esprit de coopération dont elles ont fait preuve, sans la masse de leurs informations rassemblées en vue d'égaliser les charges et les avantages de chacun, vous seriez retardés dans vos travaux. Elles ont mis en place, depuis deux décennies, les infrastructures qui permettront à votre Assemblée, succédant à l'ancienne Assemblée des communautés, dont l'éminent président Emilio Colombo est parmi nous, de prendre son image de marque avec la consécration du suffrage universel.

[...] Je dis bien le suffrage universel, car les femmes y ont eu la part de plein droit qui leur revenait. Elles ne l'auraient pas eue cette part lorsque je conduisais en France le combat pour leur égalité dans un climat si désuet que nos adversaires pouvaient, avec succès, arguer que les mains des femmes étaient faites pour être cajolées et non point pour

déposer des bulletins de vote dans les urnes. Sans récuser ces cajoleries, les Européennes ont cependant usé de leur bulletin.

[...] Mes Européens chéris, avouez que vos campagnes électorales ont souvent paru plus lourdes d'arrière-pensées partisanes que de préoccupations européennes. Lorsque vous vous risquiez à un raisonnement, vous vous perdiez vous-mêmes, à quelques exceptions près, dans le labyrinthe des institutions communautaires. Vos ouailles sortaient de vos réunions des termes techniques dansant dans leur têtes, tels : dépassement, bavure, serpent – voir GATT ou SALT, mouches qui ne les empêcheraient pas, eux, mais vous, de dormir. Vous les traduisiez, ces termes, en camions, en poulets, en emplois, en allocations, en sécurité intérieure – de l'autre sécurité, ne soufflons mot.

[...] J'en viens allègrement à l'avenir. Pour quelles tristes raisons votre Assemblée ne vivrait-elle que les yeux fixés sur les traités de Paris et de Rome ? Sans y contrevenir, elle pourrait, en sa souveraineté morale sur la chose européenne publique, se saisir des problèmes cruciaux qui les transcendent, encore plus importants que ceux de la monnaie et de l'énergie. J'en ai cerné trois.

Le premier est un problème d'identité, non pas d'identité entendue comme similitude, mais d'identité comprise comme perception profonde de soi. [...] Les institutions communautaires ont fait des betteraves, du beurre, des fromages, des vins, des veaux, voire des cochons européens. Elles n'ont pas fait d'hommes européens. Ces hommes européens existaient au Moyen Âge, à la Renaissance, au siècle des Lumières et, même, au XIX*e siècle. Il faut les refaire. Déjà la jeunesse s'en charge, circulant sac au dos, ignorant les frontières.*

[...] Deuxième problème : la natalité. Au train où vont les couples, il n'y aura plus d'Européens bientôt. [...] Lorsque des experts me déclarent : les femmes allemandes n'accouchent que de 1,4 et les femmes françaises de 1,8 des 2,28 enfants nécessaires, je sursaute en imaginant des milliers de bébés en morceaux. Puis je partage les affres de la longue agonie chiffrée de notre civilisation. La revivifier ? La rajeunir ? Nous n'y parviendrons qu'ensemble.

[...] Arrivons-en au troisième problème qui sera, si vous le désirez, de votre suprême ressort : celui de la légalité, celui des droits de l'homme. Ils avaient sombré en Europe, ces droits, avec le naufrage de la Société des nations et l'occupation de notre continent par la dictature nationale-socialiste.

[...] ***Identité, natalité, légalité, l'Europe ne retrouvera son rayonnement qu'en rallumant leurs phares, les phares de la conscience, de la vie et du droit. Vous en détenez les étincelles.***

Ah ! Soyez persuadés que cette allocution, si peu conforme aux usages, je l'ai prononcée, pleinement informée du péril nucléaire qui nous encercle. Suréquipée, notre planète tourne, engagée dans une troisième guerre, larvée ici, féroce là, insidieusement polymorphe. Les documents qui me parviennent ne m'ont pas persuadée que le désarmement ait débuté autrement que sur le papier, alors que la science nucléaire se vulgarise. Le danger est devenu tel qu'il dépasse l'angoisse que l'on peut ressentir. À le connaître exactement, les couples n'auraient plus d'enfants du tout.

[...] Merci ! »

PERFORMANCES FÉMINISTES « À L'ANGLAISE »

Louise Weiss trouve les suffragistes françaises trop modérées et leur reproche leur manque d'activisme. En 1934, elle fonde l'association La Femme nouvelle et ouvre un « centre de propagande pour l'égalité des droits civils et politiques des Français et des Françaises » dans une boutique des Champs-Élysées. Son modèle, c'est l'intrépide Mrs Pankhurst : « *Pour réussir, il fallait jeter le féminisme dans l'arène de l'actualité. Create news, créer des nouvelles avait été l'explication du succès de Mrs Pankhurst, la célèbre suffragette britannique. Elle avait suscité des faits amusants, divers, curieux, voire tragiques, que les gazettes n'avaient pu passer sous silence. Il fallait divertir au lieu de prêcher, tenir l'opinion en haleine, émouvoir, en un mot, obliger le pays tout entier à prendre feu pour notre cause* », écrit la journaliste avec sa verve habituelle.

En 1935, Louise Weiss se présente symboliquement aux élections municipales, transformant ironiquement des boîtes à chapeau en urnes. L'année suivante, elle mène une nouvelle campagne fictive pour les législatives de 1936, recueillant plus de 14 000 bulletins. La presse délivre ces résultats avec ceux des élections officielles : c'est un succès médiatique. En 1936, les membres de La Femme nouvelle lâchent des ballons rouges lestés de tracts dans le stade de la finale de la Coupe de France de football. Plus tard, elles offrent aux sénateurs des chaussettes portant l'inscription « *Même si vous nous donnez le droit de vote, vos chaussettes seront raccommodées* ». Puis, à l'occasion du Grand prix de Longchamp, devant des milliers de spectateurs et le président de la République, elles envahissent la piste en brandissant des pancartes portant l'inscription « *La Française doit voter* ». Enfin, elles s'enchaînent les unes aux autres dans la rue Royale, à Paris, pour bloquer la circulation, contraignant des automobilistes à cisailler leurs chaînes ! Malgré l'activisme de ces féministes françaises aux méthodes britanniques, il leur faudra attendre encore près de dix ans pour que soit voté leur droit au suffrage.

EUROPÉENNE DE CŒUR **ET DE TERRAIN**

Louise Weiss est issue d'une famille aisée d'origine alsacienne, très patriote, qui lui transmet le goût de la politique, mais ne l'encourage pas dans cette voie peu recommandable pour une femme ! C'est donc en cachette qu'elle obtient son agrégation de Lettres classiques en 1914 : elle a 21 ans, ce qui fait d'elle la plus jeune agrégée de France. Elle est en outre diplômée d'Oxford. Contre la volonté de son père, elle s'engage dans le journalisme et la politique internationale qui la passionnent depuis toujours.

Marquée par la Première Guerre mondiale, elle se voue à la question de la réconciliation franco-allemande et de l'union européenne. En décembre 1918, elle se rend à Strasbourg qui fête la joie d'être redevenue française : en costume alsacien, Louise Weiss se glisse dans la tribune présidentielle ! Ce qui résume son tempérament : être au cœur des événements et au plus près des acteurs majeurs de l'histoire. Cette même année, elle crée *L'Europe nouvelle* qui puise ses contributeurs parmi ministres, diplomates et intellectuels. Cette revue de politique internationale est destinée à l'élite dirigeante. À 25 ans, Louise Weiss est déjà une femme d'influence.

Le 28 juin 1919, la jeune journaliste se rend à la signature du traité de Versailles qui mènera à la création de la Société des nations, organe visant à garantir la paix dans lequel elle met tout son espoir d'« Européenne » avant l'heure. Elle assiste aux premières réunions de la SDN à Paris, Londres, Genève. Elle croit dur comme fer à ce « Parlement des nations ». Elle voyage en Europe de l'Est, puis devient l'une des premières envoyées spéciales à Moscou. À 28 ans, elle rompt avec son père, en total désaccord avec la manière de vivre de sa fille.

En 1930, alors que l'ascension d'Hitler compromet l'avenir de l'Europe, elle fonde l'École de la paix, une sorte d'institut supérieur des relations internationales qui vise à soutenir l'action de la SDN.

Quelques années plus tard, elle se lance dans un nouveau combat, menant campagne en faveur du suffrage féminin, jusqu'à ce que la Seconde Guerre mondiale commence à menacer. En 1938, à la demande du ministère des Affaires étrangères, elle fait partie de la commission d'accueil des réfugiés d'Allemagne et d'Europe centrale qui fuient le nazisme. Puis, pendant le conflit, elle part aux États-Unis collecter dons et médicaments. Après-guerre, elle s'intéresse à la polémologie, la science des conflits, qui aura son institut à l'université de Strasbourg. Jusque dans les années 1960, elle sillonne tous les continents ou presque pour rassembler des informations sur les conflits mondiaux qui éclatent dans le cadre de la décolonisation et de la guerre froide. Elle poursuit ses activités de correspondante de presse et réalise des documentaires.

Et c'est en femme politique européenne qu'elle termine sa carrière. À la fin de sa vie, elle séjourne régulièrement à Strasbourg pour assister aux séances parlementaires : elle restera députée européenne jusqu'à sa mort, en 1983.

SIMONE VEIL, PRÉSIDENTE !

Ce jour du 17 juillet 1979, après l'allocution inaugurale de Louise Weiss, la députée Simone Veil est élue présidente du Parlement européen. Mais, une fois encore, le parcours menant à cette consécration a été semé d'embûches sexistes, certes moins injurieuses que lorsque la ministre de la Santé a présenté le projet de loi légalisant l'avortement mais tout de même remarquables… Dans le journal de son propre parti, *La Lettre de la nation*, on peut lire : « *Simone Veil, tête de liste pour l'élection européenne ? […] elle n'est qu'une aimable flâneuse dans ce jardin européen, qui joue de son ombrelle en espérant vaguement qu'il y aura quelques pommes à croquer pour Ève !* » Si le nom de l'Europe est emprunté à une déesse de la mythologie grecque, c'est la Bible que l'auteur convoque pour rappeler que la femme est originellement source de péchés et de conflits ! Il s'agit toujours et encore d'éloigner les femmes de la politique et du pouvoir… D'autres détracteurs ont tenté de semer la zizanie entre les deux femmes, ce dont Louise Weiss s'est ainsi moquée : « *Weiss-Veil, il y en a qui prennent des assonances pour des dissonances !* » Il existe bien un désaccord entre les deux députées, mais qui n'a rien à voir avec l'Europe. Louise Weiss s'est en effet prononcée contre la loi légalisant l'avortement, mais avec un argument aux accents féministes : « *Une loi de circonstance, un acte qui rend service aux femmes mais supprime la mauvaise conscience des hommes.* »

Il reste qu'en 1979, parmi les députés, les femmes étaient 71 contre 363 hommes à siéger au Parlement européen : que la présidence en soit assurée par une femme n'est donc qu'une mince compensation !

AUNG SAN SUU KYI

– LA NON-VIOLENCE –

En 1988, alors que la junte militaire était au pouvoir en Birmanie depuis vingt ans, Aung San Suu Kyi rentrait dans son pays, s'associait au mouvement de rébellion des étudiants et entrait au parti d'opposition, la Ligue nationale pour la démocratie. En tant que fille du héros de l'Indépendance, elle en était la secrétaire générale. L'année suivante, les militaires l'arrêtaient pour trouble à l'ordre public et l'assignaient à résidence à Rangoun, qui était alors la capitale. En mai 1990, sous la pression populaire, le gouvernement organisait des élections législatives, très largement remportées par la Ligue nationale pour la démocratie. Mais le parlement élu n'a jamais pu se réunir et Aung San Suu Kyi passera une quinzaine d'années en résidence surveillée. C'est dans ce contexte qu'elle prononce un discours le 9 juillet 1990, appelant à un combat non-violent contre la dictature militaire. Elle condamne indirectement le pouvoir en parlant de lutte contre la corruption et fait preuve d'une foi inébranlable dans la non-violence. Elle fait évidemment référence à Gandhi, qui incarne la résistance par la désobéissance civile, puis à Nehru, autre

grande figure de l'accession de l'Inde à l'indépendance. Elle rend également hommage à son propre père, Bogyoke Aung San, militant anti-fasciste, qui a négocié l'indépendance de la Birmanie auprès des Britanniques avant d'être assassiné. Aung San Suu Kyi exhorte le peuple birman à dépasser la peur qui le maintient sous le joug de la dictature. C'est par une « révolution des consciences » que la situation changera, non pas seulement en Birmanie, mais partout dans le monde. En rappelant les principes fondamentaux des droits humains, Aung San Suu Kyi cherche à donner une dimension universelle à ses propos. L'année suivante, elle recevra le prix Nobel de la paix pour sa « lutte non-violente en faveur de la démocratie et des droits de l'homme ». Ses années de résistance lui vaudront un soutien et une reconnaissance hors du commun de la part de la communauté internationale.

DISCOURS À RANGOUN, BIRMANIE
9 JUILLET 1990

« Ce n'est pas le pouvoir qui corrompt mais la peur. La peur de perdre le pouvoir corrompt ceux qui l'exercent, et la peur de la violence du pouvoir corrompt ceux qui lui sont soumis. La plupart des Birmans connaissent les quatre « a-gati », *les quatre formes de corruption. La* chanda-gati, *la corruption engendrée par l'avidité, fait dévier du droit chemin en quête d'avantages pour soi ou dans l'intérêt des siens.*

La dosa-gati *désigne le fait d'emprunter le mauvais chemin pour contrarier ceux envers lesquels on éprouve de la rancune, quand la* moga-gati *représente l'égarement dû à l'ignorance. Mais la pire des quatre est probablement la* bhaya-gati, *car non seulement la* bhaya, *la peur, étrangle et réduit à néant tout sens du bien et du mal, mais elle est aussi souvent à l'origine des trois autres formes de corruption. De même que la* chanda-gati, *quand elle ne résulte pas d'une pure avarice, peut être provoquée par la peur de manquer ou de perdre l'estime des siens, la peur d'être surpassé, humilié ou blessé de quelque manière que ce soit, peut conduire à la malveillance. Et il serait difficile d'abolir l'ignorance, à moins que l'on ne dispose de la liberté nécessaire pour poursuivre la vérité sans être entravé par la peur. Du fait d'un lien étroit entre la peur et la corruption, il n'est pas étonnant de constater que, dans une société où la peur est omniprésente, la corruption sous toutes ses formes soit profondément enracinée.*

Le mécontentement de la population face aux restrictions économiques a été considéré comme la cause majeure du mouvement pour la démocratie birmane; un mouvement dont le déclenchement remontait aux manifestations étudiantes de 1988. Il est vrai que des années de politique incohérente, de mesures officielles ineptes, d'inflation galopante et de baisse de revenus avaient ruiné l'économie du pays. Cependant, ce ne sont pas tant les difficultés à maintenir un niveau de vie à peine acceptable qui ont érodé la patience d'un peuple traditionnellement bien disposé et tranquille. C'est davantage l'humiliation que l'on ressent à mener une existence défigurée par la peur et la corruption.

Les étudiants n'ont pas simplement protesté contre la mort de leurs camarades, mais contre un régime totalitaire qui leur déniait le droit de vivre, qui ôtait tout sens au présent et n'offrait aucun espoir pour l'avenir. Et parce que les protestations des étudiants traduisaient les frustrations de la population dans son ensemble, les manifestations sont vite devenues un mouvement d'ampleur nationale. Certains de ses plus fervents partisans étaient des hommes d'affaires qui avaient développé les compétences et les contacts nécessaires, non seulement pour survivre, mais pour prospérer au sein du système. Pourtant, leur influence ne parvenait pas à leur offrir un véritable sentiment de sécurité ou d'accomplissement, de sorte qu'il leur fallait se rendre à l'évidence. S'ils souhaitaient qu'eux-mêmes et leurs concitoyens, indépendamment de leur situation économique, puissent bénéficier d'une existence digne de ce nom, un gouvernement responsable était une condition, sinon suffisante, du moins nécessaire. Épuisé du fait de son inquiétude passive, le peuple birman se sentait comme de « l'eau au creux des mains » du pouvoir.

Nous pouvons être aussi froids que l'émeraude,
Comme de l'eau au creux des mains,
Mais il se pourrait aussi que nous soyons
Comme des éclats de verre
Au creux des mains.

Des éclats de verre tranchants et étincelants qui, jusqu'aux plus petits d'entre eux, sont capables de se défendre contre les mains qui essaient de broyer. Des éclats pouvant alors symboliser l'étincelle du courage et la désigner comme l'attribut essentiel à quiconque veut se libérer de l'emprise de l'oppression. Bogyoke Aung San, qui se considérait lui-même comme un révolutionnaire, a cherché sans répit des réponses aux problèmes qui minaient la Birmanie. Et il exhortait le peuple à faire preuve de courage: « Ne comptez pas que sur le courage et l'audace des autres. Chacun d'entre vous doit faire des sacrifices pour devenir un héros courageux et audacieux. Alors nous serons enfin tous en mesure de jouir d'une vraie liberté. »

L'effort qu'il faut déployer pour rester intègre dans un environnement où la peur fait partie intégrante de la vie quotidienne n'est pas chose facile à imaginer pour ceux qui ont la chance de vivre dans des pays régis par l'État de droit. Des lois justes n'aident pas seulement à prévenir la corruption, en infligeant des sanctions impartiales aux délinquants. Elles aident aussi à créer une société dans laquelle la population peut voir satisfaits tous les besoins fondamentaux nécessaires à la préservation de la dignité humaine, et ce, sans avoir à se corrompre. Là où ces lois n'existent pas, c'est aux citoyens ordinaires que revient la charge de maintenir les principes de justice et de décence élémentaires. C'est le cumul de leur effort soutenu et de leur endurance constante qui transformera une nation où raison et conscience sont perverties par la peur en une nation dont le cadre légal rend possible cette justice et cette cohésion qui sont si chères à l'homme, tout en réfrénant certains des traits destructeurs qui sont inhérents à sa nature.

À une époque où les immenses progrès technologiques ont créé des armes mortelles qui peuvent être, et qui sont, récupérées par les puissants et les sans scrupules pour dominer les faibles et les démunis, surgit le besoin impérieux d'une relation plus étroite entre politique et éthique, aussi bien au niveau national qu'international. La Déclaration universelle des droits de l'homme des Nations unies proclame que « tous les individus et tous les organes de la société » *doivent faire leur possible pour promouvoir les droits et les libertés fondamentales auxquels tout être humain a droit, sans distinction de race, de nationalité ou de religion. Mais tant que des gouvernements fondent leur autorité sur la coercition plutôt que sur le mandat du peuple, et que des groupes d'intérêt placent les profits à court-terme au-dessus de la prospérité et de la paix à long terme, le fait de concerter une action internationale visant à protéger et promouvoir les droits humains ne restera au mieux qu'une lutte partiellement accomplie. Il subsistera des arènes de combat dans lesquelles les opprimés doivent puiser en eux les ressources nécessaires pour défendre, en tant que membres de la famille humaine, leurs droits inaliénables.*

La révolution par excellence est celle de l'esprit, issue de la conviction

intellectuelle qu'il est indispensable de changer les mentalités et les valeurs qui orientent le cours du développement d'une nation. *Une révolution qui vise uniquement à changer les politiques publiques et les institutions dans le but d'améliorer les conditions matérielles de la population a peu de chances d'aboutir. Sans une révolution de l'esprit, les forces responsables des inégalités de l'ordre ancien continueront d'être à l'œuvre, et feront ainsi peser une menace constante sur le processus de réforme et de transformation en cours. Il ne suffit donc pas de lancer un appel pour la liberté, la démocratie et les droits de l'homme : pour persévérer dans le combat, unité et détermination sont indispensables. Il faut consentir à des sacrifices au nom de vérités immuables et résister au pouvoir corrupteur de l'avidité, de la rancune, de l'ignorance et de la peur.*

Les Saints, dit-on, sont des pécheurs qui ne cessent de se soumettre à l'épreuve. N'en va-t-il pas de même pour les hommes libres ? C'est aussi en ne cessant de se soumettre à l'épreuve que les opprimés deviennent capables d'endosser les responsabilités et d'accompagner la discipline qui maintiendront une société libre. Parmi les libertés fondamentales auxquelles les hommes aspirent pour vivre une existence épanouissante, se libérer de la peur apparaît aussi bien comme un moyen qu'une fin. Un peuple qui veut construire une nation dans laquelle des institutions démocratiques fortes et établies permettent de se prémunir contre le pouvoir d'État doit avant tout apprendre à libérer son esprit de l'apathie et de la peur.

Toujours enclin à mettre en pratique ce qu'il prêchait, Aung San lui-même faisait constamment preuve de courage – non seulement de courage physique, mais aussi d'un courage qui lui permettait de dire la vérité, de tenir parole, d'accepter les critiques, d'admettre ses fautes, de corriger ses erreurs, de respecter ses opposants, de parlementer avec l'ennemi et de laisser le peuple juger de sa valeur en tant que dirigeant. Au-delà de son image de héros de guerre, c'est pour son courage moral qu'il sera toujours aimé et respecté en Birmanie, qu'il continuera d'inspirer la nation. Les mots utilisés par Jawaharlal Nehru pour décrire Mahatma Gandhi auraient tout aussi bien pu s'appliquer à Aung San: « L'essence de son enseignement reposait sur l'absence de peur et la vérité, ainsi que sur l'action découlant de ces principes. Quant à l'objectif, il était toujours le bien-être du peuple. »

Gandhi, ce grand apôtre de la non-violence, et Aung San, le fondateur de l'armée nationale, avaient des personnalités très différentes. Mais de la même façon qu'il existe une inévitable parenté entre les différentes manières de contester un régime autoritaire quels que soient le lieu ou l'époque, il existe une similitude dans les qualités intrinsèques de ceux qui se dressent pour relever le défi. Nehru, politicien moderne, considérait que l'une des grandes réussites de Gandhi avait été d'insuffler du courage au peuple indien, mais lorsqu'il évalua ce dont avait besoin un mouvement d'indépendance au XXe siècle, c'est vers la philosophie de l'Inde ancienne qu'il se tourna: « Le plus grand cadeau que puisse recevoir un individu ou une nation... c'est l'abhaya, l'absence de peur ; non pas uniquement le courage physique, mais davantage ce qui libère l'esprit de la peur. »

L'absence de peur est sans doute un don. Mais plus précieux encore est le courage qui vient avec l'effort, ce courage qu'on acquiert à force de refuser de voir la peur dicter son existence, ce courage qu'on pourrait décrire comme une « grâce sous pression » – une grâce sans cesse renouvelée face à une pression rude et incessante.

Dans un système qui nie l'existence des droits humains fondamentaux, la peur semble faire partie de l'ordre des choses. La peur de l'emprisonnement, la peur de la torture, la peur de la mort, la peur de perdre ses amis, sa famille, sa propriété ou ses moyens de subsistance, la peur de la pauvreté, la peur de l'isolement, la peur de l'échec. L'une des formes les plus insidieuses de la peur est celle qui porte le masque du bon sens, voire de la sagesse, et condamne, en les traitant d'insensés, d'imprudents ou de futiles, les petits actes quotidiens de courage qui aident à préserver l'estime de soi et la dignité humaine. Lorsqu'un peuple vit selon la loi du plus fort et se retrouve conditionné par la peur, il lui est difficile de se libérer de son parfum débilitant. Et pourtant, même sous une machinerie d'État étudiée pour broyer le peuple, le courage se manifeste encore et encore, car la peur ne correspond pas à l'état naturel de l'homme civilisé.

Le courage et la résistance face au pouvoir démesuré résulte généralement d'une fidélité aux principes sacrés de la morale associée au recul historique qui démontre que, malgré toutes les régressions, la condition humaine est toujours vouée à s'améliorer, sur le plan matériel comme sur le plan spirituel. C'est bien sa capacité à s'améliorer et à reconnaître ses erreurs qui distingue l'homme de la simple brute. La responsabilité humaine repose sur le concept de perfection, le désir d'y parvenir et l'intelligence de trouver les moyens vers celle-ci, ainsi que la volonté de suivre ce chemin, si ce n'est jusqu'au bout, au moins sur la distance nécessaire pour dépasser les limites individuelles et les obstacles qui surgissent devant soi. C'est la vision qu'a l'homme d'un monde rationnel et civilisé qui le conduit à oser et à souffrir pour construire des sociétés libérées de la pénurie et de la peur. Des concepts tels que la vérité, la justice et la compassion ne peuvent être écartés sous prétexte qu'ils sont banals, car ils représentent souvent les derniers remparts face à un pouvoir impitoyable. »

LA « LADY » BIRMANE CONTESTÉE À L'INTERNATIONAL

Lorsqu'en 1947, à l'issue de la proclamation d'indépendance de la Birmanie, le général Aung San est assassiné, Aung San Suu Kyi est âgée de 2 ans : son père deviendra pour elle un modèle quand, des années plus tard, elle luttera à son tour pour son pays. Après des années de guerre civile et de troubles insurrectionnels, l'armée s'installe au pouvoir pour des décennies. Aung San Suu Kyi est élevée par une mère elle aussi engagée dans la vie politique de son pays ; elle la suit en Inde où cette dernière est ambassadrice et où elle fréquente la même école que Rajiv Gandhi, le fils d'Indira. En 1964, elle part étudier à l'université d'Oxford et, cinq ans plus tard, travaille pour l'Organisation des Nations unies à New York. En 1972, elle se marie avec un universitaire britannique spécialiste du Tibet dont elle a deux enfants. Pendant toute cette période, elle vit principalement à Londres où elle aurait pu mener une vie paisible…

Mais en 1988, lorsqu'Aung San Suu Kyi retourne à Rangoun pour se porter au chevet de sa mère, le pays est à nouveau en proie à des émeutes violentes en protestation à la dictature militaire. Elle décide alors de s'engager et devient secrétaire générale de la Ligue nationale pour la démocratie, donc chef de l'opposition. L'année suivante, elle est assignée à résidence par la junte militaire. Pendant quinze années, elle connaîtra quelques rares périodes de répit, mais aussi la prison. Elle vit donc loin de ses enfants et, en 1999, son mari meurt sans pouvoir revoir sa femme. On cherche à la forcer à s'exiler, mais Aung San Suu Kyi est déterminée jusqu'au sacrifice. Ces années de résistance non-violente à la dictature font d'elle une héroïne dans son pays et une icône dont le courage et la dignité ont été salués dans le monde entier.

En 2010, Aung San Suu Kyi est définitivement libérée et autorisée à se présenter lorsque de nouvelles élections sont organisées. En 2012, elle est élue députée, puis nommée ministre des Affaires étrangères. Elle aurait pu devenir présidente de la République, mais comme elle a été mariée à un étranger, la Constitution le lui interdit. En 2015, son parti remporte à nouveau une victoire écrasante aux élections. Devenue conseillère spéciale de l'État birman et porte-parole de la Présidence, Aung San Suu Kyi est aujourd'hui considérée comme la dirigeante de la Birmanie.

Depuis qu'en 2012 a été levée l'interdiction d'exhiber en public le visage de celle que les Birmans surnomment la « Lady », on voit son effigie partout, du T-shirt au porte-clés en passant par la serviette de plage... À l'international, en revanche, on assiste à la chute de l'idole : on reproche à Aung San Suu Kyi sa passivité face au génocide des Rohingyas. En 2017, une terrible opération de massacre ethnique a chassé 700 000 musulmans vers le Bangladesh. L'armée birmane s'est rendue coupable de crimes qui violent les droits de l'homme. Le gouvernement doit certes composer avec une armée ultrapuissante, mais Aung San Suu Kyi refuse de s'exprimer sur le sujet au point que certaines institutions lui retirent les honneurs qu'elles lui avaient décernés quelques années plus tôt...

HILLARY RODHAM CLINTON

– L'ÉGALITÉ HOMME-FEMME –

Dans les années 1970, la jeune avocate Hillary Clinton s'est d'abord spécialisée dans le droit des enfants. En 1978, elle est devenue première dame de l'Arkansas lors de l'élection de Bill Clinton comme gouverneur ; elle a commencé à se préoccuper du droit des femmes et a présidé des comités sur l'éducation et la famille. Lors de son arrivée à la Maison-Blanche en 1993, quand son mari est élu président des États-Unis, elle est chargée de préparer un projet de réforme du système de santé américain, mais échoue à convaincre le Congrès. Elle décide alors de s'attaquer à une question qui correspondait plus traditionnellement au statut de « First Lady » : le droit des femmes et des enfants dans le monde. C'est dans ce contexte qu'elle prononce un discours remarqué lors de la quatrième Conférence mondiale des Nations unies sur les femmes. Hillary Clinton avait tout d'abord soumis son voyage à Pékin à une condition : la libération d'un militant sino-américain des droits de l'homme condamné à quinze ans de prison. Les Chinois avaient accepté pour bénéficier de la prestigieuse présence de la femme du président américain : c'était sans compter sur

DYNAMIC

la ténacité d'Hillary Clinton qui n'allait pas se priver de souligner dans son discours le manquement de respect de certaines libertés fondamentales de la part de ses hôtes… Elle va insister sur l'importance du travail des milliers de femmes des organisations gouvernementales présentes à Pékin, car un forum des ONG se tenait parallèlement à Huairou, et des milliers de visas avaient été refusés par les autorités chinoises. En outre, elle formule une critique non dissimulée de l'ambiguïté des politiques chinoises de l'enfant unique et de la discrimination à l'égard des nouveau-nés de sexe féminin. De manière plus générale, elle dresse un déplorable panorama de la situation de la femme dans son propre pays et dans le monde.

La très forte médiatisation internationale de ce discours permettra à Hillary Clinton de mettre en avant son engagement de longue date en faveur des droits des femmes et son « féminisme » lors de sa candidature à la présidence des États-Unis vingt ans plus tard. Pourtant, Hillary Clinton ne fait pas l'unanimité chez les féministes, pour lesquelles elle est avant tout le symbole d'un féminisme libéral, blanc, ne représentant qu'une minorité de privilégiées : on reproche à son combat en faveur des femmes de n'être pas assez « social », condition sine qua non pour une égalité véritable de toutes.

Il reste que, en novembre 2016, après sa défaite face à Donald Trump, c'est à son électorat féminin qu'Hillary Clinton s'adressait :

« À toutes les jeunes femmes qui ont cru en moi, rien ne m'a rendue plus fière que d'être votre représentante. […] Nous n'avons pas encore brisé le plafond de verre et j'espère que cela sera plus tôt que nous ne le pensons. » Et de conclure : *« À toutes les petites filles, ne doutez jamais que vous êtes importantes et que vous méritez toutes les chances du monde d'accomplir vos rêves. »*

DISCOURS À LA 4e CONFÉRENCE MONDIALE DES NATIONS UNIES SUR LES FEMMES, BEIJING, CHINE **5 SEPTEMBRE 1995**

« […] Je voudrais remercier le Secrétaire général des Nations unies de m'avoir invitée à prendre part à cette Conférence mondiale des Nations unies sur les femmes. Il s'agit vraiment d'une célébration, une célébration de l'apport des femmes dans tous les aspects de la vie : dans leur foyer, au travail, dans leur communauté, en tant que mères, femmes, sœurs, filles, enseignantes, travailleuses, citoyennes et dirigeantes.

C'est aussi un rassemblement, semblable à ceux qu'organisent les femmes chaque jour dans chaque pays.

Nous nous rassemblons dans les champs et dans les usines. Sur les marchés des villages et dans les supermarchés. Dans les salons et les bureaux de comité exécutif.

Que ce soit en jouant avec nos enfants au parc, en lavant le linge à la rivière ou bien durant la pause à la fontaine à eau du bureau, nous nous rassemblons et parlons de nos aspirations et préoccupations. Et toujours et encore, nos conversations tournent autour de nos enfants et de nos familles.

Aussi différentes que nous soyons, les choses qui nous unissent sont bien plus nombreuses que celles qui nous séparent. Nous partageons un avenir commun. Et nous sommes là pour trouver un socle commun, de sorte que nous puissions aider à apporter une dignité et un respect nouveaux aux femmes et filles du monde entier – et ce faisant, apporter une force et une stabilité nouvelles aux familles également.

En nous rassemblant à Beijing, nous attirons l'attention du monde sur les sujets les plus préoccupants dans la vie des femmes et de leurs familles : l'accès à l'éducation, à la santé, au travail, au crédit ; la possibilité de profiter de droits légaux et humains fondamentaux et de participer pleinement à la vie politique de leurs pays.

[…] Ce sont des conférences comme celle-ci qui obligent les gouvernements et les peuples du monde entier à écouter, regarder et confronter les problèmes les plus prégnants.

[…] Ce que nous apprenons en parcourant le monde, c'est que si les femmes sont en bonne santé et éduquées, leurs familles prospéreront.

Si les femmes ne subissent aucune violence, leurs familles prospéreront. Si les femmes ont la possibilité de travailler et de gagner leur vie autant que leurs partenaires dans une société équitable, leurs familles prospéreront.

Et si les familles prospèrent, les communautés et les nations prospéreront.

C'est pourquoi toute femme, tout homme, tout enfant, toute famille et toute nation sur notre planète doit voir un enjeu dans le débat qui se tient ici.

[...] J'ai rencontré de jeunes mères à Djakarta, en Indonésie, qui se retrouvent régulièrement dans leur village pour parler de nutrition, de planning familial et de soins aux bébés.

J'ai rencontré au Danemark des parents travaillant tous deux, qui parlaient du soulagement de savoir leurs enfants pris en charge et en sécurité dans des centres créatifs et enrichissants.

J'ai rencontré des femmes en Afrique du Sud qui ont contribué à la lutte pour mettre fin à l'apartheid et travaillent maintenant à construire une nouvelle démocratie.

Je me suis réunie avec des femmes dirigeantes de l'hémisphère occidental qui travaillent chaque jour à promouvoir l'éducation et à améliorer les soins pour les enfants de leurs pays.

J'ai rencontré des femmes en Inde et au Bangladesh qui obtiennent de petits prêts pour acheter des vaches laitières, des rickshaws, du fil et autres matériaux pour survivre, elles et leurs familles.

J'ai rencontré des médecins et des infirmières en Biélorussie et en Ukraine qui essaient de garder les enfants en vie, malgré les conséquences de Tchernobyl.

Le grand défi de cette conférence est de donner voix aux femmes du monde entier, dont on ne connaît pas l'expérience, dont on n'entend pas les paroles.

Les femmes représentent plus de la moitié de la population mondiale. Les femmes constituent 70 % de la population pauvre et deux tiers de ceux à qui l'on n'apprend ni à lire ni à écrire.

Les femmes sont les premières dans le monde à porter soin à la plupart des enfants et aux personnes âgées. Pourtant, une grande partie du travail que nous faisons n'est pas estimé à sa juste valeur, ni par les économistes, ni par les historiens, ni dans la culture populaire, ni par les dirigeants des gouvernements.

En ce moment même, alors que nous sommes assises ici, des femmes partout dans le monde donnent naissance, élèvent des enfants, cuisinent, font la lessive, le ménage, plantent des graines, travaillent à la chaîne, dirigent des compagnies et gouvernent des pays.

Des femmes sont aussi en train de mourir de maladies qui pourraient être prévenues ou soignées ; elles regardent leurs enfants succomber de la malnutrition causée par la pauvreté et le dénuement économique ; leurs propres pères et frères leur refusent le droit d'aller à l'école ; elles sont forcées de se prostituer, et elles se voient empêcher l'accès aux urnes ou aux bureaux de prêt.

Celles d'entre nous qui ont la chance d'être ici doivent endosser la responsabilité de parler au nom de celles qui ne le peuvent pas.

En tant qu'Américaine, je veux parler pour les femmes de mon propre pays – des femmes qui élèvent des enfants avec le salaire minimum, des femmes qui ne peuvent se permettre l'accès aux soins ou à la prise en charge des enfants, des femmes dont la vie est menacée par la violence, y compris dans leur propre foyer.

[…] En m'adressant à vous aujourd'hui, je parle pour elles, de même que chacune d'entre nous parle pour les femmes du monde entier qui se voient nier la chance d'aller à l'école ou chez le médecin, de devenir propriétaire ou d'avoir leur mot à dire sur la manière de mener leur vie simplement parce qu'elles sont des femmes.

[…] Nous devons comprendre qu'il n'existe aucune formule sur la manière dont les femmes doivent mener leur vie. C'est pourquoi nous devons respecter les choix que chaque femme fait pour elle-même et sa famille. Chaque femme mérite la chance de réaliser le potentiel que Dieu a placé en elle.

Nous devons aussi reconnaître que les femmes n'obtiendront jamais une complète dignité, tant que leurs droits humains ne seront pas respectés et protégés.

[…] De manière tragique, ce sont généralement les femmes dont les droits humains sont violés. Même en cette fin de XX*e* *siècle, le viol des femmes continue d'être un instrument dans des conflits armés. Les femmes et les enfants constituent la grande majorité des réfugiés dans*

le monde. Et quand les femmes sont exclues du processus politique, elles deviennent encore plus vulnérables aux abus.

Je crois que, à l'aube de ce nouveau millénaire, il est temps de rompre notre silence. Il est temps pour nous de dire ici à Beijing, et le monde doit l'entendre, qu'il n'est plus acceptable de discuter des droits des femmes de manière indépendante des droits humains.

Ces abus ont continué parce que, pendant trop longtemps, l'histoire des femmes a été une histoire de silence.

[...] Les voix de cette conférence et des femmes de Huairou doivent être entendues haut et fort. C'est une violation des droits humains, quand des bébés ne sont pas nourris, sont noyés, étouffés ou qu'on leur brise la colonne vertébrale, simplement parce qu'ils sont de sexe féminin.

C'est une violation des droits humains quand des femmes et des jeunes filles sont vendues et réduites à l'esclavage de la prostitution.

C'est une violation des droits humains, quand des femmes sont arrosées d'essence, jetées au bûcher et brûlées vives parce que leur dot est estimée trop faible.

C'est une violation des droits humains quand des femmes sont violées dans leurs propres communautés et quand des milliers de femmes sont victimes de viols comme tactique ou butin de guerre.

C'est une violation des droits humains quand l'une des causes majeures de mortalité dans le monde, pour les femmes de 14 à 44 ans, est la violence qu'elles subissent dans leur propre foyer.

C'est une violation des droits humains quand de jeunes filles sont soumises aux pratiques douloureuses et dégradantes de la mutilation génitale.

C'est une violation des droits humains, quand on refuse aux femmes le droit de planifier leur propre famille – ce qui inclut le fait d'être forcée à avorter ou être stérilisée contre leur volonté.

Si un seul message doit faire écho à l'issue de cette conférence, c'est que ***les droits de l'homme sont les droits des femmes... et que les droits des femmes sont des droits humains.***

[...] Il est indéfendable que de nombreuses femmes travaillant dans des ONG et ayant souhaité participer à cette conférence n'aient pas pu le faire ou qu'on leur ait interdit d'y participer pleinement.

[...] Nous avons vu la paix s'installer presque partout dans le monde depuis un demi-siècle. Nous avons évité une nouvelle guerre mondiale.

Mais nous n'avons pas résolu d'autres problèmes plus anciens, plus ancrés, qui continuent de limiter le potentiel de la moitié de la population mondiale.

Aujourd'hui, il est temps d'agir pour des femmes, partout.

[...] Aussi longtemps que la discrimination et les inégalités resteront des lieux communs dans le monde, aussi longtemps que les femmes seront moins valorisées, moins nourries, nourries en dernier, exploitées au travail, sous-payées,

non-scolarisées et soumises à la violence hors de leur maison ou à l'intérieur, alors le potentiel de la famille humaine à créer un monde en paix et prospère ne pourra s'exercer.

Que cette conférence soit notre appel à l'action, et celui du monde.

Faisons entendre cet appel, de sorte que nous puissions créer un monde dans lequel chaque femme sera traitée avec respect et dignité, chaque garçon et chaque fille, aimés et soignés de la même manière, et où chaque famille aura l'espoir d'un avenir solide et stable.

Je vous remercie beaucoup.

Dieu vous bénisse, vous, votre travail et tous ceux qui en bénéficieront. »

« LADY MACBETH » **PREMIÈRE EN TOUT !**

Hillary Rodham a été élevée dans une famille modeste de la banlieue de Chicago qui l'a encouragée à accomplir de brillantes études. En 1962, elle a 15 ans quand elle a l'occasion d'aller écouter Martin Luther King, ce qui l'éveille au mouvement des droits civiques. À 17 ans, elle préside le mouvement des Jeunes républicains de son université. En 1969, elle entre à la faculté de droit de la prestigieuse université de Yale où elle rencontre Bill Clinton qu'elle épouse en 1975. Elle sera donc la femme du gouverneur de l'Arkansas trois ans plus tard et deviendra la première dame des États-Unis en 1993. Mener campagne pour son mari, du côté des démocrates désormais, n'a pas empêché Hillary Clinton de poursuivre sa carrière d'avocate d'affaires. Lorsqu'elle arrive à la Maison-Blanche, c'est la première femme de président à avoir un tel parcours professionnel et une telle expérience en politique. Rien d'étonnant à ce que, sur le modèle de son héroïne Eleanor Roosevelt, elle réinvente les fonctions de première dame à sa mesure et devienne une figure politique à part entière. Bill Clinton l'investit d'ailleurs immédiatement de fonctions officielles, tel un ambitieux projet de réforme du système de sécurité sociale. Mettant à profit les deux mandats présidentiels, elle acquiert une connaissance exceptionnelle des affaires de l'État.

Hillary Clinton affirme des positions très « libérales » au sens américain, notamment en faveur du droit des femmes. Favorable à l'avortement, au remboursement de la contraception et au financement de l'éducation sexuelle, engagée dans la lutte contre la violence sexuelle, elle a participé à la création du Bureau sur la violence envers les femmes au Département de la Justice. Elle a également dénoncé la discrimination salariale dont sont particulièrement victimes les Afro-Américaines. Par ailleurs, elle se montrera tardivement favorable à l'union civile des homosexuels.

Lorsque, en 2000, elle brigue le mandat de sénatrice de l'État de New York, elle est la cible d'attaques sexistes, mais elle gagnera haut la main à deux reprises devenant ainsi la première ex-First Lady à remporter une élection nationale et la première femme sénatrice de New York. Sa popularité est grandissante et, en 2003, elle publie le premier tome de ses mémoires en échange d'une avance de 8 millions de dollars.

Candidate aux primaires du Parti démocrate en 2008, Hillary Clinton est battue par Barack Obama. Mais ce dernier, une fois président, la nomme secrétaire d'État (équivalent du ministre des Affaires étrangères). Occupant ce poste jusqu'en 2012, elle visite plus de 100 pays ! Elle incarne une politique étrangère impérialiste et belliqueuse, soutenant les interventions militaires en Irak, Afghanistan, Libye et Syrie.

Hillary Clinton est de nouveau candidate aux primaires démocrates de 2016 qu'elle remporte et sera la première femme à représenter un grand parti à l'élection présidentielle. Son programme diffère peu de celui d'Obama, mais là encore elle essuie des attaques misogynes : on la trouve tantôt trop émotive, tantôt trop froide et masculine, et ses détracteurs l'affublent du surnom de « Lady Macbeth », perfide héroïne de Shakespeare avide de pouvoir ! Donnée favorite par la presse américaine qui la soutient, elle perd cependant face au milliardaire Donald Trump.

MESSIEURS, L'ÉGALITÉ DES SEXES EST AUSSI VOTRE PROBLÈME

Le 20 septembre 2014, Emma Watson prononçait un discours au siège des Nations unis à New York au titre d'Ambassadrice de bonne volonté d'ONU Femmes. La jeune actrice britannique lançait la campagne HeForShe (« Lui pour elle »), une organisation internationale visant à mobiliser les hommes et les garçons afin qu'ils militent pour l'égalité des sexes. Elle légitimait modestement son propre engagement : « *Vous devez vous dire : "Qui est cette fille qui sort d'un* Harry Potter*? Qu'est-ce qu'elle fait à l'ONU?" Je me suis posée la même question. Tout ce que je sais, c'est que ce problème d'égalité des sexes me concerne et que je veux pouvoir améliorer les choses.* » Emma Watson ne fera allusion qu'à une seule femme et à un seul autre discours : « *En 1995, Hillary Clinton a prononcé un discours mémorable à Beijing sur les droits des femmes. Bon nombre des propositions qu'elle a formulées sont hélas restées lettre morte. Mais ce qui m'a le plus marquée, c'est que les hommes ne représentaient que 30 % de son auditoire. Comment pouvons-nous espérer changer le monde quand la moitié de la population n'est pas invitée ou n'a pas le sentiment d'être la bienvenue pour prendre part au débat ?* » Et c'est précisément là que veut intervenir HeForShe : « *Messieurs, j'aimerais profiter de cette opportunité pour vous inviter formellement : l'égalité des sexes est aussi votre problème.* »

Par ailleurs, Emma Watson cherche à redonner tout son sens au mot « féministe » que trop de jeunes femmes rejettent aujourd'hui : « *Le féminisme se définit comme la conviction que les hommes et les femmes doivent jouir des mêmes droits et des mêmes chances. C'est cela, la théorie politique, économique et sociale de l'égalité des sexes.* » Plus loin, elle déclare : « *Et si vous n'aimez toujours pas ce mot, sachez qu'il importe moins que les idées et aspirations qu'il renferme.* » Un an plus tard, Hillary Clinton tiendra précisément les mêmes propos : « *Je suis toujours étonnée lorsqu'une femme de n'importe quel âge – mais particulièrement une jeune femme – dit quelque chose comme "Je crois en l'égalité des droits, mais je ne suis pas féministe". Un féministe est par définition quelqu'un qui croit en l'égalité des droits. J'espère que les gens n'auront pas peur de le dire. Être féministe ne veut pas dire que vous détestez les hommes ou que vous voulez séparer le monde en deux parties, pas du tout ! Cela veut simplement dire que l'on croit que les femmes ont les mêmes droits que les hommes sur les plans politique, culturel, social ou économique.* »

ÉLISABETH GUIGOU

– LA PARITÉ –

Le 8 mars 1998, Journée internationale de la femme, le Premier ministre Lionel Jospin déclarait que l'égale et pleine participation des femmes à la vie politique, civile, économique, sociale et culturelle était un objectif prioritaire et qu'il impliquait une modification de la Constitution. C'est à sa ministre de la Justice, Élisabeth Guigou – première femme garde des Sceaux –, que fut confié le dossier.

Lorsque, le 15 décembre 1998, Élisabeth Guigou présente le projet à l'Assemblée nationale, elle revient premièrement sur l'histoire de la lutte des femmes pour la reconnaissance de leurs droits de citoyennes – une histoire qui commence avec la révolutionnaire Olympe de Gouges…

Élisabeth Guigou rend également hommage aux initiatives qui ont fait surgir la question de la parité dans le débat public en France. Tout d'abord, le fait que la parité soit mise en œuvre au sein de mouvements féministes et écologistes, puis la parution de l'ouvrage *Au pouvoir citoyennes ! : liberté, égalité, parité*, ainsi qu'un colloque organisé par le Conseil de l'Europe ayant conduit à la Déclaration d'Athènes du 3 novembre 1992, selon laquelle la démocratie impose la parité dans la représentation et l'administration des nations. Or, dans ce

domaine, la France figurait parmi les grands derniers avec 5% de femmes au Parlement, 10,9% à l'Assemblée nationale ! En 1993, 289 femmes et 288 hommes se prononçaient par le biais du « Manifeste des 577 pour une démocratie paritaire » – le nombre de signataires correspondant à celui des élus à l'Assemblée nationale – en faveur de la parité aux élections législatives et réclamaient un changement de la loi. Deux ans plus tard, le président de la République créait l'Observatoire de la parité, qui présentera ses conclusions en 1997 à Lionel Jospin.

Enfin, en 1996, dix femmes politiques, parmi lesquelles Édith Cresson et Simone Veil, signent à leur tour un manifeste pour la parité. Ainsi, dans les rangs des « paritaires », on est convaincu que la coprésence équitable d'hommes et de femmes dans les lieux de pouvoir est un élément fondamental de la démocratie. Mais la question fait polémique et divise. Du côté des « antiparitaires », c'est Élisabeth Badinter qui incarne l'argument de l'universalisme républicain : pourquoi donner des droits particuliers aux femmes puisque notre Constitution leur reconnaît en théorie les mêmes droits que les hommes ? C'est ce même argument qu'avait avancé le Conseil constitutionnel pour rejeter les lois « paritaires » proposées par Gisèle Halimi ou Yvette Roudy dans les années 1980. La philosophe Sylviane Agacinski réplique dans les pages du *Monde* : « *Il faut faire la critique de l'universalisme et montrer que toutes les fois qu'on efface absolument la différence sexuelle, on identifie en réalité le genre humain à un seul sexe, celui de l'homme.* » Et il faut bien reconnaître que l'écart était flagrant entre la théorie universaliste et la pratique…

Le 28 juin 1999, le Parlement, réuni en Congrès, adoptera la révision constitutionnelle et l'article 1 de la Constitution sera modifié d'une phrase sans que le terme « parité » n'y figure : « *La loi favorise l'égal accès des femmes et des hommes aux mandats électoraux et fonctions électives, ainsi qu'aux responsabilités professionnelles et sociales.* » Le 6 juin 2000, le Code électoral est modifié à son tour : la loi fait obligation dans les communes de plus de 3 500 habitants de proposer aux électeurs des listes paritaires dans lesquelles les hommes et les femmes sont inscrits alternativement.

DISCOURS À L'ASSEMBLÉE NATIONALE, PARIS, FRANCE
15 DÉCEMBRE 1998

« *Monsieur le président, mesdames, messieurs les députés, c'est avec une grande émotion que j'ouvre ce débat sur la parité.*

Aujourd'hui, je ne vous parle pas seulement comme garde des Sceaux, chargée de vous proposer une révision de la Constitution : je vous parle d'abord comme femme, comme « femme en politique », comme femme ministre de la Justice, qui a le grand honneur d'être la première femme garde des Sceaux.

En ce moment, je ne puis m'empêcher de penser à toutes celles qui se sont battues, parfois en donnant leur vie, pour que les femmes se voient reconnaître l'égalité de leurs droits de femmes et de citoyennes.

Je pense d'abord à Olympe de Gouges, qui rédigea, en 1791, la Déclaration des droits des femmes, laquelle proclamait en son article 10 : « … la femme a le droit de monter à l'échafaud, elle doit avoir également celui de monter à la tribune. » *Elle fut guillotinée le 3 novembre 1793, cinq jours avant Manon Roland.*

Je pense à ces citoyennes qui ont fait la Révolution française, à ces républicaines de Beaumont, qui exigèrent de ratifier par leur vote la Constitution de 1793 alors soumise au suffrage universel masculin. Elles disaient : « Quand des millions de citoyens acceptent la Constitution [...], quand la France entière célèbre par des transports de joie le retour de sa félicité, quand leurs pères, leurs époux, leurs enfants, leurs frères ont prodigué leur sang pour cette liberté précieuse, les citoyennes n'ont-elles pas aussi le droit de ratifier un acte auquel elles ont si efficacement coopéré [...] ? »

Je pense à ces hommes qui ont épousé le combat pour l'égalité des femmes. À Condorcet, qui se demandait si les législateurs n'avaient « pas violé le principe de l'égalité des droits en privant tranquillement la moitié du genre humain de celui de concourir à la formation des lois, en excluant les femmes du droit de cité ».

Je pense au député girondin Guyomar qui affirmait que, si l'on dénie à « la moitié de la population » les droits politiques qui sont donnés aux hommes, alors il faut changer l'article Ier de la Déclaration des droits de 1789 et écrire : « Les femmes naissent et meurent esclaves et inégales en droits. Si les deux sexes ne sont pas égaux, l'immortelle Déclaration des droits contient une mortelle exclusion. »

Je pense à Louise Michel, figure ardente de la Commune de Paris, aux saint-simoniennes, à Eugénie Niboyet, à Hubertine Auclert, à Maria Deraisme, à Madeleine Pelletier, à Louise Weiss, militantes déterminées, et si souvent raillées, du droit de vote. Je pense aux héroïnes de la Résistance, Lucie Aubrac, Bertie Albrecht, Marie-Madeleine Fourcade, Danielle Casanova, Germaine Tillon; aux déportées, Geneviève Anthonioz-de Gaulle, Simone Veil; à toutes ces femmes connues ou anonymes dans leur héroïsme et à qui nous devons le droit de vote.

Je voudrais saluer tout particulièrement Simone Veil, qui a toujours été à la pointe du combat pour les droits des femmes, qu'il s'agisse du droit de disposer de son corps ou des droits politiques. […]

Comment expliquer que, deux cents ans après la Déclaration des droits de l'homme et du citoyen qui proclame que « les hommes naissent et demeurent libres et égaux en droits », *cinquante-deux ans après le préambule de la Constitution de 1946 qui proclame que « la loi garantit à la femme, dans tous les domaines, des droits égaux à ceux des hommes », un tel décalage existe encore entre les droits abstraits reconnus aux femmes et la réalité concrète qui admet si peu d'entre elles dans les mandats politiques ? Un tel écart entre les proclamations solennelles et les droits concrets n'est-ce pas d'abord ce que l'on reproche à la politique ?* ***Plus qu'un archaïsme insupportable, la mise à l'écart des femmes de la sphère politique, si elle devait durer et perdurer, serait un vice au cœur même de notre système de représentation politique.***

Comment peut-on encore en être là aujourd'hui alors que, depuis l'ordonnance du 21 avril 1944, les femmes ont obtenu le droit de voter ? Elles l'ont obtenu du général de Gaulle qui évoque, dans ses Mémoires de guerre, *ce vote comme une évidence. Elles l'ont obtenu du Conseil national de la Résistance, c'est-à-dire du Parti communiste, du Parti socialiste et du MRP, issu des combats de la Résistance.*

Les femmes ont pris une large part à la Résistance et lui ont payé un lourd tribut. Ce droit de vote ne leur a pas été octroyé, il leur a été reconnu. Il est venu comme une consécration du rôle qu'elles avaient joué, non seulement dans la Résistance, mais aussi au cours de la Première Guerre mondiale, comme une reconnaissance de tous les combats auxquels elles avaient pris part, avec le même courage et les mêmes risques que les hommes : la Première Guerre mondiale, la Commune de Paris, la Révolution. Cinquante-quatre ans après la conquête du droit de vote, il est temps, enfin, que les femmes aient concrètement accès aux mandats et fonctions électives. Certains, inspirés sans doute par Montesquieu, font plus confiance aux mœurs qu'à la loi pour changer un état de fait. Mais nous le voyons, le principe d'égalité existe depuis longtemps dans notre droit et la réalité, pourtant, n'a pas changé. Aujourd'hui, il appartient donc au constituant de parler et c'est précisément parce que les proclamations et les principes d'égalité sont restés lettre morte qu'il faut qu'il s'exprime. C'est pourquoi il faut se fixer l'objectif de la parité afin que s'accomplisse et se réalise pleinement l'idée d'égalité.

[...] L'Observatoire de la parité a précisé le contenu et la signification de l'idée de parité. Elle implique en premier lieu que la répartition des hommes et des femmes dans les instances politiques reflète leur répartition dans la population. C'est la raison pour laquelle on en déduit que cette répartition doit être égale ou bien qu'elle doit être équilibrée. À cet égard, l'égalité qui est visée par la parité est incontestablement une égalité de situation.

La parité politique, en deuxième lieu, implique que l'on vise à réaliser cette répartition équilibrée dans le domaine du pouvoir, c'est-à-dire dans le champ politique, et particulièrement dans celui des rapports entre l'électorat et la représentation nationale. En troisième lieu, le terme de parité, au sens où l'a employé le Premier ministre [...], signifie non un état que l'on veut atteindre, mais un objectif que l'on cherche à réaliser. Ce qui veut dire très clairement que l'idée de parité va au-delà d'une égalité en droit pour viser une égalité concrète, une égalité de situation. [...] La parité est un instrument, un déclencheur pour traiter l'ensemble de la question des rapports hommes-femmes dans la société, non seulement dans le champ politique mais également dans le champ social et professionnel.

Instrument de l'égalité, la parité est en même temps un objectif dont il convient de se rapprocher soit en obligeant, soit en incitant.

[...] Quelle est la portée symbolique et politique de la parité? Je reviendrai un instant sur les objections que ce concept a soulevées et sur le débat concernant l'universalisme du droit qui a été et reste particulièrement vif en France. Dans ce débat, de grands noms de notre vie intellectuelle et politique se sont affrontés. Pour les uns et les unes, l'idée de parité remettrait en cause l'idée traditionnelle d'égalité entre citoyens, égalité conçue abstraitement sans considération de race, de religion, d'opinion ou de catégorie. En introduisant la parité dans notre Constitution, on introduirait l'idée de discrimination positive pour certains groupes. Introduire la parité serait alors reconnaître l'existence de minorités, ce qui pourrait conduire à une dérive communautariste. Après les femmes, les minorités ethniques, géographiques, linguistiques pourraient être tentées de s'engouffrer dans la brèche. Introduire la parité serait remettre en cause l'unité de la nation et l'indivisibilité de la République. Enfin, introduire la parité signifierait que le biologique fait la loi en politique et que les solidarités sexuelles l'emportent sur les solidarités d'opinions.

Cette position est défendue avec talent par des hommes et des femmes que je respecte infiniment, et particulièrement par Élisabeth Badinter. Mais je ne suis pas d'accord avec ce raisonnement. [...] En introduisant l'idée de parité dans notre Constitution, nous ne cherchons pas à renverser l'œuvre de la Révolution française. Nous cherchons au contraire à l'accomplir. L'année 1789 a marqué solennellement la disparition des castes et des ordres et en principe des distinctions entre les hommes qu'ils soient blancs ou qu'ils soient noirs. Mais faut-il que je vous rappelle aussi qu'il a fallu d'autres batailles, d'autres mobilisations pour que le Code noir soit aboli ; sous la Seconde République seulement, le 27 avril 1848.

Aujourd'hui, il ne s'agit pas de réintroduire un clivage sexuel, il s'agit simplement de mettre fin à l'exclusion implicite et silencieuse des femmes de la représentation politique, instituée par la Révolution française et inscrite en droit civil par Napoléon dans le Code.

[...] Mesdames et messieurs les députés, je vous propose aujourd'hui de jeter les bases d'une vie politique et démocratique renouvelée.

Le débat d'aujourd'hui est le point d'aboutissement du long combat qui a été mené depuis la Révolution française par toutes les femmes qui ont voulu conquérir l'égalité politique, mais aussi un point de départ pour la mise en œuvre d'une véritable démocratie paritaire, dans sa dimension politique, sociale et professionnelle.

[...] Ce projet de réforme constitutionnelle présenté par le gouvernement et que votre commission des lois vous propose d'adopter, avec

la modification introduite, constitue une étape essentielle de la modernisation de notre vie politique, un signal fort pour encourager les femmes à prendre la place qui leur revient dans l'action politique, une décision d'une grande portée symbolique car elle incarne dans les deux sexes la souveraineté, et donne ainsi une vitalité nouvelle à notre démocratie et tout son sens à notre devise républicaine « Liberté, égalité, fraternité ».

« MADAME LA MINISTRE » **EUROPÉENNE ET PARITAIRE**

Élisabeth Guigou est née au Maroc dans une famille française. L'année de l'Indépendance, en 1956, elle est âgée de 10 ans. En 1965, elle quitte définitivement le Maroc et elle parlera de cette rupture provoquée par la décolonisation comme du moteur de son éveil politique.

Après des études de lettres et de sciences économiques et sociales, elle entre à l'École nationale d'administration. Elle milite à partir de 1973 au Parti socialiste et entame sa carrière de haut fonctionnaire au ministère de la Justice, puis est nommée conseillère à l'Élysée, jusqu'à ce que, en 1988, le président François Mitterrand lui confie la charge de s'occuper des questions européennes : *« Ce passage à l'Élysée a été pour moi une période charnière. J'ai vu ce que la volonté politique pouvait faire bouger. »* Élisabeth Guigou va devenir une femme politique. Deux ans plus tard, elle est ministre déléguée aux Affaires européennes et travaille à la négociation du traité de Maastricht. En 1994, elle fait campagne pour les élections européennes et est élue députée au Parlement européen. Les attaques sexistes qu'elle raconte avoir subies en période électorale auront sans doute eu pour moindre effet de la sensibiliser à la « parité » – question à laquelle elle s'attaque lorsqu'elle est nommée garde des Sceaux en 1997. Cette même année, elle publie son témoignage, *Être femme en politique*. À cette époque, elle insiste sur la féminisation des titres, précisant qu'elle préfère qu'on l'appelle la ministre plutôt que le ministre, insistant sur le rôle structurant du langage. Il s'agit de faire reconnaître la légitimité des femmes aux plus hautes fonctions. Elle devient ministre de l'Emploi et de la Solidarité en 2000. Si elle se bat pour le droit de vote des étrangers non-européens aux élections locales, elle se prononce contre le mariage entre homosexuels. Elle sera ensuite députée en Seine-Saint-Denis pendant une dizaine d'années. En 2017, elle déclare qu'elle ne se présentera plus à des élections, ce qui ne l'empêche pas de poursuivre ses activités politiques dans le cadre de multiples associations au niveau national et européen.

PARITÉ FRANÇAISE ET SEXISME INTERNATIONAL

Pour Élisabeth Guigou, la parité n'était pas une fin mais un moyen : un instrument pour appliquer le principe d'égalité afin d'obtenir une répartition équilibrée dans le domaine des droits mais aussi des situations. En 2010, l'ancienne ministre faisait un constat amer : « *En France, la politique est encore considérée aujourd'hui comme le lieu par essence du pouvoir. C'est un territoire où les hommes n'ont jamais voulu que les femmes s'aventurent. C'est pourquoi les Françaises ont eu le droit de vote bien après les Européennes, même trente-six ans après les Turques...* » Et elle notait qu'au sein des institutions, quelles qu'elles soient, la parité n'était pas respectée. C'est le cas un peu partout en Europe : dans les pays du Nord qui sont exemplaires sur la parité en politique, une infime minorité de femmes dirigent des entreprises. Parce que l'on considère que le vrai pouvoir relève de l'économique ! Autrement dit, là où on pense que se situe le pouvoir, on n'admet pas les femmes.

En outre, la parité n'a pas mis fin aux attaques sexistes visant les femmes politiques. Le 10 octobre 2012, la Première Ministre australienne Julia Gillard prononçait devant le Parlement un discours dont la vidéo a fait le tour de la planète par le biais d'internet. Elle y critiquait ouvertement le sexisme dans le monde politique. Elle ciblait Tony Abbott, le chef de l'opposition, qui ne cessait de murmurer des propos sexistes dans les micros du Parlement sans que ceux-ci soient retranscrits. Julia Gillard a évoqué un entretien avec un journaliste dans lequel Abbott s'était dit d'accord pour que les garçons et les filles aient les mêmes chances avant d'ajouter : « *Et si les hommes étaient, par leur physiologie ou leur tempérament, plus adaptés à l'exercice de l'autorité ou au fait de donner des ordres ?* » Devant le Parlement, Gillard a répliqué :

« *Je ne me laisserai pas donner de leçons sur le sexisme et la misogynie par cet homme, certainement pas… S'il veut savoir à quoi ressemble la misogynie dans l'Australie moderne, il n'a qu'à prendre un miroir.* » L'attaque était faible quand on sait que la première chef du gouvernement australienne ne cessait de subir des critiques, non sur sa politique, mais sur le fait qu'elle n'ait pas d'enfant, sur sa voix, ses cheveux roux et autres éléments de son anatomie…

CHRISTIANE TAUBIRA

– LE MARIAGE HOMOSEXUEL –

Depuis le début des années 1990, des parlementaires de gauche déposaient sans succès des projets de loi visant à la reconnaissance du couple homosexuel. En 1999, l'adoption du Pacte civil de solidarité (Pacs) donne la possibilité aux personnes du même sexe de s'unir, mais n'offre pas les mêmes garanties juridiques que le mariage civil. Le 5 juin 2004, le maire écologiste de Bègles, Noël Mamère, célèbre un mariage entre deux hommes qui sera annulé par la justice, mais l'affaire sensibilise l'opinion. Tandis que des voix de plus en plus nombreuses se prononcent en faveur du mariage homosexuel, en 2012, le président de la République François Hollande tient sa promesse électorale et confie le « projet de loi ouvrant le mariage aux couples de même sexe » à la ministre de la Justice, Christiane Taubira.

Cette loi ne modifiera pas le régime du mariage, elle l'ouvrira à des personnes qui en étaient exclues et leur permettra d'adopter des enfants. Cependant, de nombreux opposants de droite menacent de faire annuler ces mariages homosexuels dès qu'ils auront à nouveau le pouvoir. Avant que le projet ne soit discuté à l'Assemblée nationale, plus

de 5000 amendements auront été déposés, tandis que, dans les rues de France, les manifestations pour et contre « le mariage pour tous » s'amplifient.

C'est dans ce contexte passionné que Christiane Taubira entre dans l'arène le 29 janvier 2013, et ce n'est que le début d'un marathon parlementaire qui durera près de cent heures à l'Assemblée nationale et se poursuivra pendant des semaines dans les autres institutions de la République. Avec ce discours, la ministre accomplit à la perfection son exercice de rhétorique, s'exprimant avec une grande clarté et sans un regard sur ses notes. Tout d'abord, elle inscrit ce projet dans une juste évolution de l'histoire : la progressive reconnaissance des droits des femmes, des enfants et aujourd'hui des homosexuels par le biais du mariage civil. Cette perspective historique lui permet de disqualifier ses adversaires qui, en excluant les homosexuels, renoncent eux-mêmes à comprendre la société qui est celle de leurs enfants. Par ailleurs, Christiane Taubira fonde ce projet de loi sur des valeurs fondamentales et fédératrices : égalité, liberté et amour. Quand elle évoque l'amour d'un couple homosexuel, deux députés de droite s'exclament : « *– On va pleurer ! – Sortez les violons !* » Mais elle poursuit imperturbable et dresse l'histoire du mariage civil à l'image d'une digne ascension vers l'égalité et la liberté, dont la légalisation du mariage homosexuel constituera un nouveau sommet.

Au fil de ces quarante minutes de discours, Christiane Taubira ne cesse d'être interrompue. Avant même qu'elle n'entame son allocution, quand le président de l'Assemblée nationale lui donne la parole, un autre parlementaire, vraisemblablement superstitieux, s'écrie : « *Elle est en vert parce qu'elle n'y croit pas !* »

Avec la loi promulguée le 17 mai 2013, la France est devenue le 9e pays européen et le 14e pays au monde à autoriser le mariage homosexuel.

DISCOURS À L'ASSEMBLÉE NATIONALE, PARIS, FRANCE
29 JANVIER 2013

«*[…] Mesdames, messieurs les députés, nous avons l'honneur et le privilège, Dominique Bertinotti, ministre déléguée chargée de la famille, et moi-même, de vous présenter, au nom du gouvernement, un projet de loi traduisant l'engagement du président de la République d'ouvrir le mariage et l'adoption aux couples de même sexe.*

[…] Je voudrais m'arrêter un instant sur l'évolution du mariage, pour que nous comprenions mieux ce que nous sommes en train de faire.

[…] Le mariage civil [consacré dans la Constitution de 1791] porte l'empreinte de l'égalité. Il s'agit d'une véritable conquête fondatrice de la République, dans un mouvement général de laïcisation de la société.

Une telle conquête était importante essentiellement pour ceux qui étaient exclus du mariage à cette époque. Après la révocation de l'édit de tolérance, dit édit de Nantes, en 1685, les protestants ne pouvaient se marier qu'en procédant secrètement avec leurs pasteurs. Ils ne pouvaient pas constituer une famille et leurs enfants étaient considérés comme des bâtards.

[...] [Le mariage] exclut aussi des professions, et notamment les comédiens, parce que la religion proclame qu'elle ne saurait reconnaître les pratiques infâmes des acteurs de théâtre. C'est d'ailleurs le comédien Talma qui va saisir la Constituante parce que le curé de Saint-Sulpice refuse de publier les bans de son mariage avec une « mondaine », comme on disait à l'époque.

[...] Le mariage civil permet d'inclure des croyants non catholiques, mais il est élargi à tous, c'est-à-dire que tous ceux qui souhaitent se marier peuvent disposer des mêmes droits et doivent respecter les mêmes obligations.

Cette conception du mariage civil, qui porte l'empreinte de l'égalité, est en fait essentiellement une liberté, parce que, dès l'instauration du mariage, le divorce sera également reconnu. Il est écrit dans l'exposé des motifs de la loi de 1792 que le divorce résulte d'une liberté individuelle, dont un engagement indissoluble serait la perte. Puisque le mariage est la liberté des parties et non la sacralisation d'une volonté divine, cette liberté de se marier ne se conçoit qu'avec la liberté de divorcer, et, parce que le mariage va se détacher du sacrement qui l'avait précédé, il pourra représenter les valeurs républicaines et intégrer progressivement les évolutions de la société.

La meilleure manifestation de cette liberté s'exprime par l'article 146 du code civil, qui n'a pas changé depuis son origine, et selon lequel il n'y a pas de mariage sans consentement. Cet article établit donc la pleine liberté de l'un et de l'autre conjoint dans le mariage.

Si l'on se souvient que le mariage a d'abord été une union de patrimoines, d'héritages, de lignées, que l'on passait chez le notaire avant de passer chez le prêtre, le fait de reconnaître la liberté de chacun des conjoints est un progrès considérable, aujourd'hui encore inscrit dans le code civil.

Le divorce va donc accompagner très vite le mariage. Il sera prohibé en 1816, dans une ambiance où les courants conservateurs sont dominants et où les libertés, notamment celles des femmes, sont en régression. Il sera rétabli en 1884 par la loi Naquet, là encore dans un mouvement général contraire de laïcisation de la société. L'évolution du mariage porte en effet très fortement la marque de la laïcité, de l'égalité et de la liberté telles que ces valeurs ont évolué dans notre droit et dans notre société […].

Le mariage, accompagné du divorce, reconnaît donc la liberté, y compris celle de ne pas se marier, et c'est la raison pour laquelle la loi reconnaît les familles en dehors du mariage et va progressivement reconnaître les enfants de ces familles. Le mariage, qui a réussi à se détacher du sacrement, va en effet se détacher également d'un ordre social fondé sur une conception patriarcale de la société, conception qui fait du mari et du père le propriétaire, le possesseur du patrimoine, bien entendu, mais aussi de l'épouse et des enfants.

Cette évolution du mariage et du divorce, qui permettra dorénavant aux couples de choisir librement l'organisation de leur vie, sera inscrite dans la loi parce que, depuis deux siècles, l'institution du mariage connaît une évolution vers l'égalité, et c'est bien ce que nous sommes en train de faire aujourd'hui : parachever l'évolution vers l'égalité de cette institution née avec la laïcisation de la société et du mariage.

Cette évolution va concerner d'abord les femmes, avec la suppression de la référence au chef de famille, la reconnaissance de la communauté de vie, la loi de 1970 puis celle de 1975, qui va réintroduire le consentement mutuel. La reconnaissance des droits des femmes sera inscrite progressivement dans la loi. L'année 1970, c'était il y a à peine une quarantaine d'années, c'est-à-dire que vivent encore aujourd'hui des femmes qui ont eu besoin de l'autorisation de leur époux pour ouvrir un compte bancaire, souscrire un contrat, disposer de leur salaire et donc être reconnue comme sujet de droit.

Cette évolution vers l'égalité, qui va moderniser notre institution du mariage en reconnaissant la femme comme sujet de droit, va reconnaître aussi progressivement les droits des enfants. [...] En 2000, c'est un arrêt de la Cour européenne des droits de l'homme, l'arrêt Mazurek, qui contraindra la France à mettre un terme aux discriminations imposées aux enfants adultérins, et c'est seulement par une ordonnance de 2005, ratifiée par une loi de 2009, que les notions d'enfant légitime et d'enfant naturel vont disparaître de notre code civil. L'enfant devient donc également un sujet de droit.

En vous présentant aujourd'hui ce projet de loi, qui contient des dispositions ouvrant le mariage et l'adoption à droit constant aux couples homosexuels, le gouvernement choisit de permettre aux couples de même sexe d'entrer dans cette institution et de composer une famille comme les couples hétérosexuels, soit par une union de fait, que l'on appelle le concubinage, soit par un contrat, le Pacs, soit par le mariage.

[...] Oui, c'est bien le mariage, avec toute sa charge symbolique et toutes ses règles d'ordre public, que le gouvernement ouvre aux couples de même sexe, dans les mêmes conditions d'âge et de consentement de la part de chacun des conjoints, avec les mêmes interdits, les mêmes prohibitions, sur l'inceste, sur la polygamie, avec les mêmes obligations d'assistance, de fidélité, de respect, instaurées par la loi de 2006, avec les mêmes obligations pour chaque conjoint vis-à-vis l'un de l'autre, les mêmes devoirs des enfants vis-à-vis de leurs parents et des parents vis-à-vis de leurs enfants.

Oui, c'est bien ce mariage que nous ouvrons aux couples de même sexe. Que l'on nous explique pourquoi deux personnes qui se sont rencontrées, qui se sont aimées, qui ont vieilli ensemble devraient consentir à la précarité, à une fragilité, voire à une injustice, du seul fait que la loi ne leur reconnaît pas les mêmes droits qu'à un autre couple aussi stable qui a choisi de construire sa vie.

Qu'est-ce que le mariage homosexuel va enlever aux couples hétérosexuels ? [...] nous allons oser poser des mots sur des sentiments et des comportements. [...]

Nous posons les mots et nous parlons d'égoïsme pour ceux qui s'imaginent qu'une institution de la République pourrait être réservée à une catégorie de citoyens.

Nous disons que le mariage ouvert aux couples de même sexe illustre bien la devise de la République. Il illustre la liberté de se choisir, la liberté de décider de vivre ensemble.

Nous proclamons par ce texte l'égalité de tous les couples, de toutes les familles.

Enfin, nous disons aussi qu'il y a dans cet acte une démarche de fraternité, parce qu'aucune différence ne peut servir de prétexte à des discriminations d'État.

[...] Le texte que nous vous présentons n'a rien de contraire à la Convention internationale des droits de l'enfant. Au contraire, il protège des enfants que vous refusez de voir.

Les couples homosexuels pourront adopter dans les mêmes conditions que les couples hétérosexuels, selon les mêmes procédures [...]. Par conséquent, vos objections n'ont pas de fondement, si ce n'est une réelle difficulté à inclure dans vos représentations la légitimité de ces couples de même sexe. Or vos enfants et petits-enfants les incluent déjà et les incluront de plus en plus. Et vous serez bien mal à l'aise lorsque, par curiosité, ils liront les comptes rendus de nos débats !

[...] Ce mariage, qui a été une institution d'exclusion, va enfin devenir, par l'inclusion des couples de même sexe, une institution universelle. Enfin, le mariage devient une institution universelle !

Vous pouvez continuer à refuser de voir, à refuser de regarder autour de vous, à refuser de tolérer la présence, y compris près de vous, y compris, peut-être, dans vos familles, de couples homosexuels.

[...] Vous avez choisi de protester contre la reconnaissance des droits de ces couples ; c'est votre affaire. Nous, nous sommes fiers de ce que nous faisons. Nous en sommes si fiers que je voudrais le définir par les mots du poète Léon-Gontran Damas : l'acte que nous allons accomplir est « beau comme une rose dont la tour Eiffel assiégée à l'aube voit s'épanouir enfin les pétales ». *Il est* « grand comme un besoin de changer d'air ». *Il est* « fort comme le cri aigu d'un accent dans la nuit longue ».

INDÉPENDANTISTE, INDÉPENDANTE... **« FIDÈLE À ELLE-MÊME »**

Christiane Taubira est née à Cayenne, en Guyane, dans une famille nombreuse, très modeste, élevée par sa seule mère. En 1978, diplômée en sciences économiques, en sociologie et en ethnologie, elle devient professeur à 26 ans. À la même époque, elle milite pour l'indépendance au sein du Mouvement guyanais de décolonisation, fondé par Roland Delannon, son futur mari. Après l'élection de François Mitterrand à la présidence de la République en 1981, elle quitte le militantisme indépendantiste et devient la directrice de la Confédération caraïbe de la coopération agricole. Dix ans plus tard, elle renonce à une carrière universitaire pour se consacrer à la politique et cofonde avec Delannon le parti Walwari, proche du socialisme. En 1993, elle est élue députée. C'est à ce titre qu'en 2001 elle donnera son nom à la loi « tendant à la reconnaissance de la traite et de l'esclavage en tant que crime contre l'humanité », dite « loi Taubira ». Son discours lors de la proposition du projet à l'Assemblée nationale fait date. Elle est l'auteur de plusieurs ouvrages sur l'esclavage, dont *L'Esclavage raconté à ma fille*, paru en 2002. La même année, elle est candidate du Parti radical de gauche à l'élection présidentielle. Elle n'est pas élue présidente mais à nouveau députée. En 2012, nommée pour la première fois au gouvernement, elle devient ministre de la Justice. Après avoir fait passer la loi ouvrant le mariage aux couples de même sexe, elle se lance dans un projet de réforme pénale : la loi du 15 août 2014, relative à l'individualisation des peines et à la prévention de la récidive, supprime les peines planchers, crée une nouvelle peine en milieu ouvert, « la contrainte pénale », et vise à éviter les sorties de prison sans accompagnement. Elle renforce également les droits et garanties des victimes. Cette loi sera fortement critiquée par l'opposition de droite et suscitera un conflit avec le ministre de l'Intérieur Manuel Valls. Deux ans plus tard, Christiane Taubira démissionne du gouvernement pour « désaccord politique majeur » : elle s'insurge contre le projet de déchéance de nationalité pour les personnes coupables de terrorisme. « *Je choisis d'être fidèle à moi-même, à mes engagements, à mes combats, à nous tels que je nous comprends* », déclare celle qui avait répliqué tête haute aux pires attaques racistes de la part de l'extrême-droite au cours de son mandat.

LE MARIAGE DE LA POLITIQUE ET DE LA POÉSIE

Au lendemain du discours de Christiane Taubira à l'Assemblée nationale, les éloges fusaient dans la presse : elle rejoignait les rangs des discours mémorables, historiques, aux côtés de ceux de Simone Veil pour la légalisation de l'avortement en 1974 et de Robert Badinter pour l'abolition de la peine de mort en 1981. Il faut reconnaître que, chez Christiane Taubira, compétences politiques et littéraires vont élégamment de pair. Mais il est peu traditionnel de citer un poète dans l'hémicycle – un poète guyanais, de surcroît. Lorsque les débats se sont poursuivis les semaines suivantes, certains députés se sont permis de railler cet élan lyrique… à leurs dépens. Le 5 février 2013, le député de droite Hervé Mariton s'était ainsi avancé : « *Dois-je rappeler à Mme la garde des Sceaux, qui cite Léon-Gontran Damas dans son discours introductif – vous avez de bonnes lectures, chère madame –, que ce poète a très souvent exprimé, dans son œuvre, l'idée que les différences entre les personnes ne devaient pas être niées, mais assumées, acceptées et promues ? Bref, qu'il considérait que la différenciation était préférable à l'identification.* » Christiane Taubira rappellera que Damas était non seulement poète mais aussi parlementaire et avait lui-même siégé à l'Assemblée nationale, puis soulignera le détournement de son propos : « *Chez lui, jamais la différence n'est un prétexte justifiant l'inégalité des droits.* » Et quand son détracteur lui propose de lui lire le poème, elle le coupe en le citant par cœur :

« *Nous les gueux,*
nous les rien,
nous les peu,
nous les chiens,
nous les maigres,
nous les Nègres.
Qu'attendons-nous,
Qu'attendons-nous
pour faire les fous,
pisser un coup,
tout à l'envi,
contre la vie,
stupide et bête,
qui nous est faite ?

Si nous, si nous nous n'accordons pas l'égalité des droits, si nous nous ne reconnaissons pas la liberté, nous leur disons, qu'attendez-vous pour faire les fous sur cette vie stupide et bête. »

ANGELA DAVIS

– LA JUSTICE SOCIALE –

Le 8 novembre 2016, à la surprise générale, le magnat de l'immobilier Donald Trump bat la démocrate Hillary Clinton lors de l'élection présidentielle américaine. Nombreux sont ceux qui s'inquiètent aux États-Unis et au-delà des frontières : Trump n'a aucune expérience politique et a tenu tout au long de sa campagne des propos très controversés sur les musulmans, les immigrants et les femmes notamment. Le milliardaire défend une économie ultraprotectionniste – « acheter américain, embaucher américain » –, et déclare vouloir détruire « l'Obamacare », le système de sécurité sociale mis en place par son prédécesseur. Il fait de la lutte contre l'immigration une priorité, symbolisée par un projet de mur à la frontière du Mexique…

Ainsi, le 21 janvier 2017, au lendemain de l'investiture de Donald Trump, des opposants se mobilisent pour manifester. À Washington, des associations féministes et de défense des droits humains organisent une marche : l'initiative est imitée dans le monde entier. Dans la ville où siège la Maison-Blanche, là où en 1963 Martin Luther King prononçait son mémorable discours pour la défense des droits civiques des Afro-Américains, là où le même jour Joséphine Baker s'exprimait,

c'est Angela Davis qui prend la parole à l'issue de la Marche des femmes devant 3 millions de manifestants.

Icône révolutionnaire, incarnant toutes les luttes pour la défense de toutes les minorités, Angela Davis parle au nom de tous, sans oublier les transgenres et les homosexuels. Elle rend d'abord hommage aux premiers habitants du territoire américain, et plus particulièrement aux Sioux de la réserve de Standing Rock qui viennent de s'opposer avec succès à la construction d'un oléoduc. Elle rappelle que l'Amérique, pays d'immigration, s'est bâtie grâce au colonialisme et à l'esclavage : après les Amérindiens, ce sont les Afro-Américains qui entrent en scène, émancipés grâce à leur propre combat et toujours victimes de violences racistes. Elle évoque ensuite la nécessité de protéger écologiquement la planète – une tâche que Trump a écartée de son programme en prétextant que le changement climatique serait une invention des Chinois destinée à nuire à l'Occident !

Angela Davis revendique un féminisme « inclusif et intersectionnel » qui conjugue la défense du droit des femmes avec celle de toutes les minorités, ainsi que la lutte contre les inégalités sociales, contre l'oppression capitaliste, la répression policière, etc. Elle met en avant des revendications précises qui s'inscrivent dans une longue histoire de lutte. Elle salue la libération imminente de Chelsea Manning, analyste militaire, transgenre, incarcérée pour trahison, et celle de l'indépendantiste portoricain Oscar López Rivera, mais elle réclame la libération du militant amérindien Leonard Peltier, emprisonné depuis 1976, celle du militant afro-américain Mumia Abu-Jamal, condamné à mort en 1982, et la grâce de la militante afro-américaine Assata Shakur, condamnée à perpétuité et réfugiée à Cuba.

Angela Davis appelle à la résistance sur tous les fronts, anticipant les années Trump comme une menace pour la justice sociale, et elle clôt son discours en citant Ella Baker, une Afro-Américaine qui s'est illustrée dans le combat pour les droits civiques. Autrement dit, pour Angela Davis, la lutte doit non seulement se poursuivre mais s'intensifier…

DISCOURS LORS DE LA MARCHE DES FEMMES, WASHINGTON D.C., ÉTATS-UNIS **21 JANVIER 2017**

« *En ce moment décisif de notre histoire, rappelons-nous que nous, les centaines de milliers, les millions de femmes, de transgenres, d'hommes et d'enfants qui sommes ici présents à la Marche des femmes, nous représentons les forces puissantes du changement, déterminées à empêcher que ne ressurgissent les cultures moribondes du racisme et de l'hétéro-patriarchie.*

Nous considérons que nous sommes des agents collectifs de l'histoire et que l'histoire ne peut être effacée comme des pages web. Nous savons que nous nous rassemblons cet après-midi sur des terres indigènes et que nous suivons la voie des premiers peuples qui, malgré la violence génocidaire massive, n'ont jamais renoncé à la lutte pour leurs terres, leur eau, leur culture, leur peuple. Nous saluons particulièrement aujourd'hui la tribu sioux de Standing Rock.

Les luttes pour la liberté des Noirs, qui ont façonné la nature même de l'histoire de ce pays, ne peuvent être balayées d'un revers de la main. On ne peut nous faire oublier que les vies des personnes noires comptent aussi. L'histoire de ce pays est ancrée dans l'esclavage et le colonialisme, ce qui signifie – qu'on le veuille ou non – que la véritable histoire des États-Unis est une histoire d'immigration et d'esclavage. Propager la xénophobie, lancer des accusations de meurtre et de viol et construire des murs n'effaceront pas l'histoire.

Aucun être humain n'est illégal. *La lutte pour sauver la planète, enrayer le changement climatique, garantir l'accès à l'eau aussi bien sur les terres des Sioux de Standing Rock qu'à Flint (Michigan) ou en Cisjordanie et à Gaza, la lutte pour préserver notre faune et notre flore, pour préserver l'air, cette lutte constitue la base du combat pour la justice sociale.*

Ceci est une marche de femmes et cette Marche des femmes représente la promesse du féminisme contre le pouvoir pernicieux de la violence d'État – un féminisme inclusif et intersectionnel qui nous exhorte toutes et tous à rejoindre la résistance au racisme, à l'islamophobie, à l'antisémitisme, à la misogynie, à l'exploitation capitaliste.

Nous saluons le combat pour le salaire minimum à 15 dollars. Nous nous dédions à la résistance collective. Résistance face aux millionnaires qui tirent profit des taux d'hypothèques et aux acteurs de la gentrification. Résistance face à ceux qui privatisent les soins de santé. Résistance face aux attaques contre les musulmans et contre les immigrants. Résistance face aux attaques contre les personnes handicapées. Résistance à la violence d'État perpétrée par la police et via le complexe industrialo-carcéral. Résistance à la violence de genre dans la sphère privée et la sphère publique, en particulier contre les femmes transgenres de couleur.

Les droits des femmes sont les droits humains partout dans le monde, et c'est pourquoi nous réclamons liberté et justice pour la Palestine. Nous célébrons la libération imminente de Chelsea Manning et celle d'Oscar López Rivera. Mais nous clamons aussi : « Libérez Leonard Peltier. Libérez Mumia Abu-Jamal. Libérez Assata Shakur. »

Au cours des prochains mois et des prochaines années, nous serons appelées à intensifier nos revendications en faveur d'une plus grande justice sociale, militer encore plus pour la défense des populations vulnérables. Ceux qui défendent encore la suprématie de l'hétéro-patriarcat du mâle blanc feraient bien d'être sur leurs gardes.

Les 1459 jours restants de l'administration Trump seront 1459 jours de résistance :

résistance sur le terrain, résistance dans les salles de classe, résistance au travail, résistance par notre art et notre musique.

Ce n'est que le début et, pour reprendre les mots de l'inimitable Ella Baker : « Nous qui croyons en la liberté, nous ne pourrons nous reposer avant qu'elle n'advienne. » *Merci.* »

SI LA LUTTE POLITIQUE ÉTAIT **UNE FEMME**, CE SERAIT…

Angela Davis, née en 1944 dans une famille afro-américaine de l'Alabama, un État du Sud où la ségrégation faisait rage, a été confrontée aux violences racistes dès son plus jeune âge. Ses parents, tous deux enseignants, militaient au sein de mouvements antiracistes. En 1956, un an après l'affaire Rosa Parks, Angela Davis participe au boycott d'une compagnie de bus pratiquant la ségrégation. À 14 ans, elle bénéficie d'une bourse favorisant la scolarité d'élèves noirs du Sud dans des écoles mixtes dans le Nord du pays : elle entre dans un lycée privé, expérimental et progressiste, à New York. En 1961, elle s'inscrit à l'Université et rencontre le philosophe et sociologue marxiste Herbert Marcuse qui devient son mentor. Deux ans plus tard, elle poursuit ses études en France, où elle se lie avec des indépendantistes algériens, puis en Allemagne où elle fréquente les jeunes socialistes.

En 1968, son doctorat en poche, Angela Davis devient professeur à l'université de

San Diego. Elle commence à militer au Parti communiste et avec les Black Panthers, tout jeune mouvement révolutionnaire afro-américain, né dans un contexte de crimes racistes récurrents. Les activités militantes d'Angela Davis lui valent d'être exclue de l'université. Le 7 août 1970, une prise d'otages est organisée pour faire libérer un membre des Black Panthers condamné à vie pour avoir volé 70 dollars. Soupçonnée d'être complice de l'opération, Angela Davis est inscrite sur la « liste des personnes les plus recherchées » par le FBI : elle est arrêtée, accusée de meurtre et de kidnapping. Durant sa détention provisoire, l'opinion publique internationale se mobilise ; John Lennon, ainsi que les Rolling Stones lui consacrent une chanson, Jacques Prévert un poème, Jean-Paul Sartre se tient en tête des manifestations françaises pour sa libération qu'elle obtient sous caution.

Quand elle est finalement acquittée en 1972, Angela Davis a acquis l'envergure d'une légende. Dans les décennies qui suivent, elle s'engage dans toutes les luttes – féministe, antiraciste, anti-impérialiste, anticapitaliste – car, pour elle, toutes les inégalités et les oppressions sont inextricablement liées. Cette approche dite « intersectionnelle » permet aussi de lutter pour la justice sociale sur un plan international. Dans son pays, Angela Davis lutte principalement pour l'abolition de la peine de mort et contre le « système carcéro-industriel » – l'industrie pénitentiaire américaine étant une énorme source de profit pour les sociétés privées qui la gère ainsi que pour le gouvernement. Mais elle est également présente dans les autres pays du monde dès qu'une lutte l'y appelle… Angela Davis n'apprécie pas que l'on fasse d'elle une héroïne, car mettre des « héros » en avant, c'est oublier la force des actions collectives des millions d'anonymes qui constituent depuis toujours la véritable résistance à l'oppression.

UN DISCOURS-FLEUVE EN FAVEUR DES « DREAMERS »

Le 8 février 2018 à 10 heures, à la Chambre des représentants des États-Unis, la Californienne Nancy Pelosi, chef de file des démocrates, s'emparait du micro et se lançait dans un discours qu'elle interrompra huit heures plus tard ! La procédure de la Chambre l'autorisait, en tant que chef de l'opposition, à s'exprimer aussi longtemps qu'elle le souhaitait et la dame de 77 ans, comme toujours juchée sur de très hauts talons, ne s'autorisa aucune pause.

Nancy Pelosi avait ce jour-là décidé de prendre la parole en faveur des « Dreamers », ces centaines de milliers d'immigrés, entrés sans-papiers aux États-Unis quand ils étaient enfants, qui étaient protégés par un régime particulier mis en place par Barack Obama jusqu'à ce que le nouveau président Donald Trump en suspende l'application quelques mois plus tôt. Le sort des «Dreamers» était depuis plusieurs mois au cœur des négociations au Congrès, sans qu'aucune décision ne soit prise. Nancy Pelosi a donc lu pendant huit heures des lettres et des témoignages de ces jeunes clandestins qui attendent du Congrès une régularisation de leur situation. Cette performance lui a évidemment valu un fort relais médiatique qui a permis au monde entier de connaître la triste situation des « Dreamers » menacés d'expulsion…

En janvier 2018, le président Donald Trump a proposé un compromis : il promettait de donner la nationalité américaine à 1,8 million d'immigrés si les démocrates donnaient leur accord pour financer la construction du fameux mur à la frontière mexicaine, soit 25 millions de dollars pour empêcher de nouveaux migrants d'entrer dans le pays. Trois mois plus tard, il faisait volte-face et annonçait qu'il refusait de régulariser les « Dreamers »…

NAOMI WADLER

– CONTRE LES ARMES –

Le deuxième amendement de la Constitution des États-Unis reconnaît la possibilité pour le peuple américain de constituer une milice « très organisée » pour garantir la liberté du pays (en cas de prise de pouvoir par un tyran, par exemple) : ce qui implique, pour le citoyen, le droit de porter des armes. L'interprétation de ce texte fait débat depuis des décennies et la National Rifle Association, très puissant lobby à faire pression sur les gouvernements successifs, promeut la vente libre des armes à feu et le droit le plus large de s'en servir pour se défendre personnellement.

Dans ce contexte, les armes font plus de 30 000 morts par an aux États-Unis et provoquent une succession de faits divers tragiques, notamment dans les écoles. On parle même aujourd'hui de la « génération Columbine », du nom d'une école secondaire du Colorado où deux élèves ont tué douze camarades de classe et un professeur en 1999. Certains jeunes vivent toute leur scolarité avec la menace permanente d'une fusillade… Le 14 février 2018, au lycée de Parkland en Floride, dix-sept élèves et professeurs trouvaient la mort dans une tuerie ; en Alabama,

DREW
TAIRCASE
EY DRE
HIDDEN STAIRCAS

le 7 mars, Courtlin Arrington, une adolescente afro-américaine, était tuée dans les mêmes circonstances. Excédés et terrorisés, de jeunes gens se mobilisèrent dans tout le pays. Ainsi, le 14 mars, dans un collège en Alabama, Naomi Wadler, âgée de 11 ans, a organisé une marche avec l'un de ses camarades pour protester contre la violence à l'œuvre dans les écoles américaines. C'est elle qui fut choisie dix jours plus tard pour parler à la tribune, devant la Maison-Blanche, à Washington : son discours, très largement diffusé sur Internet, a fait le tour du monde et a ému des millions de personnes.

Le 24 mars 2018, la Marche pour nos vies a été suivie dans 800 villes, américaines et étrangères. Cette initiative, d'origine spontanée, a fait descendre dans les rues de Washington plus de 800 000 personnes, devenant ainsi la plus importante manifestation contre les armes à feu de l'histoire des États-Unis. Le recueillement s'accompagnait désormais d'une revendication politique : les jeunes gens en colère ont fait valoir leur statut de futurs électeurs et promis de ne jamais donner leur vote à des hommes politiques qui soutiennent le droit de tous les civils à être librement armés et donc en capacité de tuer…

DISCOURS LORS DE LA MARCHE POUR NOS VIES, WASHINGTON D.C., ÉTATS-UNIS

24 MARS 2018

« Bonjour. Je m'appelle Naomi et j'ai 11 ans.

Mon ami Carter et moi avons organisé une marche dans notre école le 14 mars dernier. Nous avons marché durant 18 minutes, puis nous avons fait une minute de silence pour honorer la mémoire de Courtlin Arrington, une jeune fille afro-américaine, victime de la violence armée dans son école en Alabama, après la fusillade de Parkland.

Je suis ici aujourd'hui pour représenter Courtlin Arrington.

Je suis ici aujourd'hui pour représenter Hadiya Pendleton.

Je suis ici aujourd'hui pour représenter Taiyania Thompson, qui venait d'avoir 16 ans quand elle a été tuée chez elle, ici, à Washington D.C.

Je suis ici aujourd'hui pour saluer et représenter les jeunes filles afro-américaines dont l'histoire ne fait pas la une des quotidiens nationaux, dont l'histoire n'est pas relayée par le journal télévisé du soir.

Je représente les femmes afro-américaines qui sont victimes de la violence armée. Celles que l'on envisage comme de simples statistiques plutôt que comme des filles belles, dynamiques et pleines de potentiel. C'est un privilège pour moi d'être ici aujourd'hui, un immense privilège en fait. Ma voix a été entendue. Je suis ici pour faire connaître leurs histoires, pour dire qu'elles comptent, pour dire leurs noms. Parce que je le peux, et parce qu'on me l'a demandé.

Pendant bien trop longtemps, ces noms, ces filles et femmes noires n'ont été que de simples chiffres. ***Je suis ici pour dire « plus jamais », en leur nom à elles aussi.*** *Je suis ici pour dire que tout le monde devrait reconnaître la valeur de ces jeunes femmes.*

On a dit que j'étais trop jeune pour penser ainsi par moi-même. On a dit que j'étais l'instrument d'un adulte anonyme. Ce n'est pas vrai.

Mes amis et moi n'avons peut-être que 11 ans, nous ne sommes en effet qu'à l'école primaire, mais nous savons. Nous savons que les gens ne sont pas égaux face à la vie, et nous savons ce qui est bien et mal. Nous savons aussi que nous nous tenons à l'ombre du Capitole et nous savons que, dans sept courtes années, nous aurons, nous aussi, le droit de vote.

Alors je suis ici aujourd'hui pour rendre hommage aux paroles de Toni Morrison : « S'il y a un livre que vous voulez lire mais qui n'a pas encore été écrit, alors à vous de l'écrire. »

J'exhorte tous ceux qui sont ici et tous ceux qui m'entendront à se joindre à moi pour raconter les histoires dont on ne parle pas. Pour saluer les filles et femmes de couleur, dont le taux de meurtre est disproportionné dans cette nation. J'exhorte chacun de vous à m'aider à écrire le récit de ce monde et à le comprendre, pour que ces filles et ces femmes ne soient jamais oubliées. Merci. »

ANNEXES

INDEX

CRÉDITS PHOTO

Élisabeth Ire d'Angleterre – © Popperfoto via Getty Images/Getty Images (p. 14)

Anne-Josèphe Théroigne de Méricourt – © Heritage Images / Fine Art Images / akg-images (p. 24)

Sojourner Truth – © akg-images (p. 36)

Louise Michel – © Collection Dupondt / akg-images (p. 46)

Emmeline Pankhurst – © akg-images / Science Source (p. 56)

Rosa Luxemburg – © akg-images / Pictures From History (p. 70)

Dolorès Ibárruri – © akg-images / Album / sfgp (p. 86)

Eva Perón – © Heritage-Images / Keystone Archives / akg-images (p. 98)

Eleanor Roosevelt – © akg-images / Science Source (p. 112)

Josephine Baker – © Keystone-France/Gamma-Keystone via Getty Images (p. 126)

Gisèle Halimi – © Micheline PELLETIER/Gamma-Rapho via Getty Images (p. 137)

Simone Veil – © Daniel SIMON/Gamma-Rapho via Getty Images (p. 156)

Indira Gandhi – © akg-images / picture alliance / KPA / United Archives (p. 172)

Malala Yousafzai – © akg-images / Pictures From History (p. 182)

Louise Weiss – © François LOCHON/Gamma-Rapho via Getty Images (p. 188)

Aung San Suu Kyi – © Daniel SIMON/Gamma-Rapho via Getty Images (p. 204)

Hillary Rodham Clinton – © Mark Reinstein/Corbis via Getty Images (p. 218)

Emma Watson – © Robin Marchant/Getty Images (p. 231)

Élisabeth Guigou – © RAT ROMUALD/Gamma-Rapho via Getty Images (p. 234)

Christiane Taubira – © liewig christian/Corbis via Getty Images (p. 248)

Angela Davis – © Alain Nogues/Sygma/Sygma via Getty Images (p. 262)

Naomi Wadler – © Amanda Edwards/WireImage (p. 272)

13299

Achevé d'imprimer en Italie
par GRAFICA VENETA
le 26 octobre 2021

Dépôt légal : septembre 2021
EAN 9782290261361
L21EPLN003042A002

ÉDITIONS J'AI LU
87, quai Panhard-et-Levassor, 75013 Paris

Diffusion France et étranger : Flammarion